EMC Español 3
¡Aventura!

Audio Program Manual

EMC
Publishing

ST. PAUL • LOS ANGELES • INDIANAPOLIS

Introduction

This manual contains the transcript for the *¡Aventura! 3* Audio Program. The program provides numerous activities that allow students to hear a variety of native speakers' voices and to practice their pronunciation. The recorded content in this manual corresponds to the material that is denoted in the *¡Aventura! 3* Annotated Teacher's Edition by the icon 💿. Some activities have been altered slightly, where necessary, in order to adapt them for oral work.

Note: For teacher convenience, student answer sheets have been provided for the activities indicated in the student textbook by 🔊 (the first activity after *Vocabulario I* and *II* and the third activity after *Diálogo I* and *II*). These reproducible answer sheets can be found at the end of the Audio Program Manual.

Editorial Director
Alejandro Vargas

Project Manager
Charisse Litteken

Production Editor
Amy McGuire

ISBN 978-0-82194-024-2

© 2009 by EMC Publishing, LLC
875 Montreal Way
St. Paul, MN 55102
E-mail: educate@emcp.com
Web site: www.emcp.com

Printed in the United States of America

17 16 15 14 13 12 11 10 09   2 3 4 5 6 7 8 9 10

Audio Program Manager

Content	Textbook Page	Audio CD Number	Track	Time
Capítulo 1				
Lección A	**2**	**1**		
Vocabulario I	2	1	1	1:27
Activity 1	3	1	2	1:16
Diálogo I	4	1	3	1:02
Activity 3	4	1	4	1:31
Activity 4	4	1	5	1:01
Activity 5	4	1	6	1:48
Activity 10	9	1	7	2:19
Activity 17	12	1	8	3:17
Vocabulario II	14	1	9	1:13
Activity 19	15	1	10	2:18
Diálogo II	16	1	11	1:09
Activity 22	16	1	12	1:51
Activity 23	16	1	13	1:15
Activity 24	16	1	14	1:11
Activity 27	20	1	15	2:08
Lectura cultural	22	1	16	1:55
Activity 31	22	1	17	2:05
Activity 32	22	1	18	0:53
Lección B	**24**	**2**		
Vocabulario I	24	2	1	1:56
Activity 1	25	2	2	1:42
Diálogo I	26	2	3	0:57
Activity 3	26	2	4	1:24
Activity 4	26	2	5	1:22
Activity 5	26	2	6	2:07
Activity 6	27	2	7	2:06
Activity 12	31	2	8	2:45
Vocabulario II	32	2	9	1:22
Activity 15	33	2	10	1:14
Diálogo II	34	2	11	1:01
Activity 17	34	2	12	1:52
Activity 18	34	2	13	1:17
Activity 19	34	2	14	1:09
Activity 20	35	2	15	2:28
Lectura personal	40	2	16	1:16
Activity 27	40	2	17	1:16
Activity 28	40	2	18	0:56
¡Viento en popa!	**42**	**2**		
Ud. lee	43	2	19	1:51
Activity A	43	2	20	2:08

Audio Program Manager

Content	Textbook Page	Audio CD Number	Track	Time
Activity B	43	2	21	0:53
Trabalenguas	46	2	22	0:58
Capítulo 2				
Lección A	**50**	**3**		
Vocabulario I	50	3	1	2:07
Activity 1	51	3	2	1:17
Diálogo I	52	3	3	1:08
Activity 3	52	3	4	1:47
Activity 4	52	3	5	1:12
Activity 5	52	3	6	1:08
Activity 6	53	3	7	2:16
Activity 9	56	3	8	2:23
Vocabulario II	58	3	9	1:54
Activity 12	59	3	10	1:11
Diálogo II	60	3	11	1:01
Activity 14	60	3	12	1:29
Activity 15	60	3	13	1:03
Activity 16	60	3	14	1:04
Activity 17	61	3	15	2:17
Activity 27	67	3	16	1:36
Lectura cultural	68	3	17	1:30
Activity 29	68	3	18	2:00
Activity 30	68	3	19	0:58
Lección B	**70**	**4**		
Vocabulario I	70	4	1	1:31
Activity 1	71	4	2	1:26
Activity 2	71	4	3	1:54
Diálogo I	72	4	4	0:52
Activity 3	72	4	5	1:26
Activity 4	72	4	6	1:16
Activity 5	72	4	7	1:49
Activity 6	73	4	8	2:13
Activity 10	75	4	9	1:20
Vocabulario II	80	4	10	1:14
Activity 19	81	4	11	1:14
Diálogo II	82	4	12	0:51
Activity 22	82	4	13	1:14
Activity 23	82	4	14	1:07
Activity 24	82	4	15	1:50
Activity 25	83	4	16	2:01
Activity 27	85	4	17	3:03
Lectura personal	88	4	18	1:35

Audio Program Manager

Content	Textbook Page	Audio CD Number	Track	Time
Activity 33	88	4	19	1:57
Activity 34	88	4	20	1:01
¡Viento en popa!	**90**	**4**		
Ud. lee	91	4	21	10:19
Activity A	93	4	22	2:21
Activity B	93	4	23	1:17
Trabalenguas	96	4	24	0:47
Capítulo 3				
Lección A	**100**	**5**		
Vocabulario I	100	5	1	1:11
Activity 1	101	5	2	1:35
Diálogo I	102	5	3	0:52
Activity 3	102	5	4	1:30
Activity 4	102	5	5	1:11
Activity 5	102	5	6	1:58
Activity 9	106	5	7	3:56
Activity 15	109	5	8	4:12
Vocabulario II	110	5	9	1:04
Activity 17	111	5	10	1:41
Diálogo II	112	5	11	0:59
Activity 19	112	5	12	1:40
Activity 20	112	5	13	1:06
Activity 21	112	5	14	2:20
Activity 22	113	5	15	2:17
Activity 25	116	5	16	3:24
Activity 28	117	5	17	2:16
Lectura cultural	118	5	18	1:43
Activity 31	118	5	19	2:13
Activity 32	118	5	20	0:37
Lección B	**120**	**6**		
Vocabulario I	120	6	1	1:11
Activity 1	121	6	2	1:21
Diálogo I	122	6	3	0:47
Activity 3	122	6	4	1:36
Activity 4	122	6	5	1:00
Activity 5	122	6	6	1:31
Activity 6	123	6	7	2:17
Activity 7	125	6	8	2:36
Activity 11	126	6	9	3:45
Activity 15	129	6	10	1:28
Vocabulario II	130	6	11	0:49
Activity 17	131	6	12	1:56

Audio Program Manager

Content	Textbook Page	Audio CD Number	Track	Time
Diálogo II	132	6	13	0:45
Activity 19	132	6	14	1:15
Activity 20	132	6	15	0:49
Activity 21	132	6	16	1:31
Activity 22	133	6	17	2:14
Activity 28	137	6	18	1:29
Lectura personal	138	6	19	1:26
Activity 29	138	6	20	1:35
Activity 30	138	6	21	1:01
¡Viento en popa!	**140**	**6**		
Ud. lee	141	6	22	4:50
Activity A	143	6	23	1:58
Activity B	143	6	24	1:04
Trabalenguas	146	6	25	0:32
Capítulo 4				
Lección A	**150**	**7**		
Vocabulario I	150	7	1	1:30
Activity 1	151	7	2	1:36
Diálogo I	152	7	3	0:59
Activity 3	152	7	4	1:40
Activity 4	152	7	5	1:09
Activity 5	152	7	6	1:18
Activity 6	153	7	7	2:18
Activity 9	156	7	8	3:08
Vocabulario II	158	7	9	1:17
Activity 12	159	7	10	1:16
Diálogo II	160	7	11	1:04
Activity 14	160	7	12	1:30
Activity 15	160	7	13	1:00
Activity 16	160	7	14	1:15
Activity 20	163	7	15	2:13
Lectura cultural	166	7	16	1:23
Activity 25	166	7	17	2:00
Activity 26	166	7	18	0:42
Lección B	**168**	**8**		
Vocabulario I	168	8	1	1:13
Activity 1	169	8	2	1:20
Diálogo I	170	8	3	0:57
Activity 3	170	8	4	1:14
Activity 4	170	8	5	0:45
Activity 5	170	8	6	1:26
Activity 6	171	8	7	1:38

Audio Program Manager

Content	Textbook Page	Audio CD Number	Track	Time
Activity 8	173	8	8	2:27
Activity 10	174	8	9	1:54
Activity 15	177	8	10	1:52
Vocabulario II	178	8	11	1:30
Activity 17	179	8	12	1:45
Activity 18	179	8	13	2:02
Diálogo II	180	8	14	0:57
Activity 19	180	8	15	1:15
Activity 20	180	8	16	1:17
Activity 21	180	8	17	1:22
Activity 22	181	8	18	2:11
Lectura personal	184	8	19	1:47
Activity 26	184	8	20	1:15
Activity 27	184	8	21	0:49
¡Viento en popa!	**186**	**8**		
Ud. lee	187	8	22	2:24
Activity A	187	8	23	1:17
Activity B	187	8	24	0:41
Trabalenguas	190	8	25	0:35
Capítulo 5				
Lección A	**194**	**9**		
Vocabulario I	194	9	1	1:27
Activity 1	195	9	2	1:10
Diálogo I	196	9	3	1:00
Activity 3	196	9	4	1:13
Activity 4	196	9	5	0:59
Activity 5	196	9	6	1:24
Activity 6	197	9	7	1:55
Activity 7	199	9	8	1:51
Activity 11	201	9	9	2:36
Activity 12	201	9	10	2:07
Vocabulario II	202	9	11	1:15
Activity 14	203	9	12	1:30
Diálogo II	204	9	13	0:56
Activity 16	204	9	14	1:31
Activity 17	204	9	15	0:56
Activity 18	204	9	16	1:15
Activity 19	205	9	17	2:11
Lectura cultural	210	9	18	1:19
Activity 26	210	9	19	1:40
Activity 27	210	9	20	1:15

Audio Program Manager

Content	Textbook Page	Audio CD Number	Track	Time
Lección B	**212**	**10**		
Vocabulario I	212	10	1	1:43
Activity 1	213	10	2	1:20
Diálogo I	214	10	3	1:00
Activity 3	214	10	4	1:21
Activity 4	214	10	5	0:47
Activity 5	214	10	6	1:00
Activity 6	215	10	7	2:26
Activity 7	217	10	8	3:02
Activity 12	219	10	9	1:55
Vocabulario II	220	10	10	1:28
Activity 14	221	10	11	1:23
Diálogo II	222	10	12	0:54
Activity 16	222	10	13	0:58
Activity 17	222	10	14	0:53
Activity 18	222	10	15	1:30
Activity 19	223	10	16	1:54
Activity 23	226	10	17	3:15
Lectura personal	228	10	18	2:11
Activity 27	228	10	19	1:45
Activity 28	228	10	20	0:49
¡Viento en popa!	**230**	**10**		
Ud. lee	231	10	21	18:42
Activity A	235	10	22	0:56
Activity B	235	10	23	0:48
Trabalenguas	238	10	24	0:33
Capítulo 6				
Lección A	**242**	**11**		
Vocabulario I	242	11	1	1:15
Activity 1	243	11	2	2:23
Diálogo I	244	11	3	0:55
Activity 3	244	11	4	1:42
Activity 4	244	11	5	0:59
Activity 5	244	11	6	2:17
Activity 6	245	11	7	1:52
Vocabulario II	250	11	8	1:13
Activity 13	251	11	9	1:27
Diálogo II	252	11	10	0:55
Activity 15	252	11	11	1:14
Activity 16	252	11	12	1:15
Activity 17	252	11	13	1:07
Activity 18	253	11	14	1:41

Audio Program Manager

Content	Textbook Page	Audio CD Number	Track	Time
Activity 27	259	11	15	2:15
Lectura cultural	260	11	16	2:38
Activity 30	260	11	17	1:23
Activity 31	260	11	18	0:45
Lección B	**262**	**12**		
Vocabulario I	262	12	1	1:28
Activity 1	263	12	2	1:27
Diálogo I	264	12	3	1:01
Activity 3	264	12	4	1:33
Activity 4	264	12	5	0:45
Activity 5	264	12	6	1:39
Activity 6	265	12	7	1:46
Activity 7	267	12	8	3:39
Vocabulario II	270	12	9	1:01
Activity 13	271	12	10	1:33
Diálogo II	272	12	11	1:07
Activity 15	272	12	12	1:46
Activity 16	272	12	13	1:03
Activity 17	272	12	14	1:33
Activity 18	273	12	15	1:41
Activity 21	276	12	16	2:21
Lectura personal	278	12	17	1:40
Activity 25	278	12	18	1:35
Activity 26	278	12	19	0:50
¡Viento en popa!	**280**	**12**		
Ud. lee	281	12	20	3:09
Activity A	281	12	21	0:55
Activity B	281	12	22	0:53
Trabalenguas	284	12	23	0:23
Capítulo 7				
Lección A	**288**	**13**		
Vocabulario I	288	13	1	1:47
Activity 1	289	13	2	1:14
Diálogo I	290	13	3	1:08
Activity 3	290	13	4	1:29
Activity 4	290	13	5	1:15
Activity 5	290	13	6	1:15
Activity 6	291	13	7	1:50
Activity 12	296	13	8	1:43
Vocabulario II	298	13	9	0:52
Activity 17	299	13	10	1:30
Diálogo II	300	13	11	1:05

Audio Program Manager

Content	Textbook Page	Audio CD Number	Track	Time
Activity 20	300	13	12	1:16
Activity 21	300	13	13	0:59
Activity 22	300	13	14	2:03
Activity 23	301	13	15	1:34
Activity 24	303	13	16	2:47
Activity 31	306	13	17	2:54
Lectura cultural	308	13	18	2:16
Activity 35	308	13	19	1:32
Activity 36	308	13	20	0:40
Lección B	**310**	**14**		
Vocabulario I	310	14	1	1:48
Activity 1	311	14	2	1:20
Diálogo I	312	14	3	0:57
Activity 3	312	14	4	1:21
Activity 4	312	14	5	1:15
Activity 5	312	14	6	1:30
Activity 6	313	14	7	1:30
Activity 9	315	14	8	2:45
Vocabulario II	318	14	9	1:08
Activity 14	319	14	10	1:22
Diálogo II	320	14	11	0:57
Activity 17	320	14	12	1:10
Activity 18	320	14	13	0:54
Activity 19	320	14	14	1:15
Activity 20	321	14	15	1:38
Activity 21	322	14	16	2:27
Activity 26	325	14	17	2:45
Lectura personal	326	14	18	1:34
Activity 28	326	14	19	1:43
Activity 29	326	14	20	0:45
¡Viento en popa!	**328**	**14**		
Ud. lee	329	14	21	2:04
Activity A	329	14	22	1:10
Activity B	329	14	23	0:53
Trabalenguas	332	14	24	0:33
Capítulo 8				
Lección A	**336**	**15**		
Vocabulario I	336	15	1	1:43
Activity 1	337	15	2	1:35
Diálogo I	338	15	3	0:57
Activity 3	338	15	4	1:28
Activity 4	338	15	5	1:14

Audio Program Manager

Content	Textbook Page	Audio CD Number	Track	Time
Activity 5	338	15	6	1:43
Activity 6	339	15	7	1:44
Activity 8	341	15	8	3:00
Vocabulario II	344	15	9	1:36
Activity 12	345	15	10	1:26
Activity 13	345	15	11	1:20
Diálogo II	346	15	12	1:05
Activity 14	346	15	13	1:42
Activity 15	346	15	14	0:55
Activity 16	346	15	15	2:03
Activity 17	347	15	16	1:32
Activity 20	349	15	17	1:52
Lectura cultural	350	15	18	1:55
Activity 22	350	15	19	1:31
Activity 23	350	15	20	0:40
Lección B	**352**	**16**		
Vocbulario I	352	16	1	1:29
Activity 1	353	16	2	1:18
Diálogo I	354	16	3	1:12
Activity 3	354	16	4	1:13
Activity 4	354	16	5	1:20
Activity 5	354	16	6	1:06
Activity 6	355	16	7	1:49
Vocbulario II	358	16	8	0:43
Activity 11	359	16	9	1:22
Diálogo II	360	16	10	1:07
Activity 14	360	16	11	1:31
Activity 15	360	16	12	0:58
Activity 16	360	16	13	1:10
Activity 17	361	16	14	1:55
Lectura personal	366	16	15	2:25
Activity 25	366	16	16	1:30
Activity 26	366	16	17	0:40
¡Viento en popa!	**368**	**16**		
Ud. lee	369	16	18	7:36
Activity A	371	16	19	2:00
Activity B	371	16	20	0:53
Trabalenguas	374	16	21	0:30
Capítulo 9				
Lección A	**378**	**17**		
Vocabulario I	378	17	1	1:52
Activity 1	379	17	2	1:13

Audio Program Manager

Content	Textbook Page	Audio CD Number	Track	Time
Diálogo I	380	17	3	0:56
Activity 3	380	17	4	1:15
Activity 4	380	17	5	1:08
Activity 5	380	17	6	1:14
Activity 6	381	17	7	1:35
Vocabulario II	388	17	8	1:06
Activity 19	389	17	9	1:22
Diálogo II	390	17	10	0:51
Activity 21	390	17	11	1:42
Activity 22	390	17	12	1:22
Activity 23	390	17	13	1:14
Activity 24	391	17	14	1:39
Activity 28	395	17	15	2:57
Lectura cultural	396	17	16	2:23
Activity 31	396	17	17	1:46
Activity 32	396	17	18	0:43
Lección B	**398**	**18**		
Vocabulario I	398	18	1	1:45
Activity 1	399	18	2	1:43
Diálogo I	400	18	3	1:01
Activity 3	400	18	4	1:35
Activity 4	400	18	5	1:03
Activity 5	400	18	6	0:55
Activity 6	401	18	7	1:31
Activity 9	404	18	8	2:27
Vocabulario II	406	18	9	0:56
Activity 13	407	18	10	1:30
Diálogo II	408	18	11	0:55
Activity 15	408	18	12	2:06
Activity 16	408	18	13	0:56
Activity 17	408	18	14	1:23
Activity 18	409	18	15	1:27
Activity 22	413	18	16	2:20
Lectura personal	414	18	17	1:56
Activity 25	414	18	18	1:23
Activity 26	414	18	19	0:40
¡Viento en popa!	**416**	**18**		
Ud. lee	417	18	20	6:01
Activity A	419	18	21	1:13
Activity B	419	18	22	0:52
Trabalenguas	422	18	23	0:29

Audio Program Manager

Content	Textbook Page	Audio CD Number	Track	Time
Capítulo 10				
Lección A	**426**	**19**		
Vocabulario I	426	19	1	1:38
Activity 1	427	19	2	1:51
Diálogo I	428	19	3	0:53
Activity 3	428	19	4	1:31
Activity 4	428	19	5	0:54
Activity 5	428	19	6	1:14
Activity 6	429	19	7	1:23
Vocabulario II	432	19	8	1:20
Activity 10	433	19	9	1:53
Diálogo II	434	19	10	0:56
Activity 12	434	19	11	1:49
Activity 13	434	19	12	1:19
Activity 14	434	19	13	1:45
Activity 15	435	19	14	0:49
Lectura cultural	440	19	15	2:10
Activity 22	440	19	16	1:11
Activity 23	440	19	17	0:47
Lección B	**442**	**20**		
Vocabulario I	442	20	1	1:44
Activity 1	443	20	2	1:31
Diálogo I	444	20	3	0:56
Activity 3	444	20	4	1:38
Activity 4	444	20	5	1:15
Activity 5	444	20	6	1:25
Activity 6	445	20	7	1:19
Vocabulario II	450	20	8	0:44
Activity 13	451	20	9	1:14
Diálogo II	452	20	10	0:53
Activity 16	452	20	11	1:43
Activity 17	452	20	12	1:00
Activity 18	452	20	13	1:46
Activity 19	453	20	14	1:32
Activity 27	459	20	15	1:51
Lectura personal	460	20	16	2:50
Activity 29	460	20	17	1:22
Activity 30	460	20	18	0:41
¡Viento en popa!	**462**	**20**		
Ud. lee	463	20	19	8:40
Activity A	465	20	20	1:39
Activity B	465	20	21	0:39
Trabalenguas	468	20	22	0:27

Capítulo **1** Bienvenidos

Lección A

Vocabulario I

Comienzan las clases

Escucha.

— Rápido, chicos. Tienen que obedecer las reglas del colegio e ir a clase enseguida.

— ¡Lorena, siempre desapareces durante el verano! ¿Dónde estuviste?
— En Barranquilla con mi familia.

— Hola, Sara ¿no me reconoces? Soy Ana. ¿Cómo estás?
— Pasándola. ¿Y tú?
— Igualmente... pasándola.

— ¡Se me hace tarde! Pertenezco al coro del colegio y tengo un ensayo.

— Carlos, date prisa.

— ¿Cuándo van a establecer el horario de ensayos de la orquesta?
— Tal vez mañana.
— ¡Chévere!

— ¿Te vas a hacer miembro de algún club de la escuela?
— Sí, voy a colaborar con el consejo estudiantil.

el coro

- Estos estudiantes merecen estar en la orquesta porque tocan muy bien.

1. **En la escuela**
   Indique la letra de la foto que corresponde con cada situación que oye.

   1. Rápido, Mónica. Se nos hace tarde.   F
   2. ¿Quieres participar en el coro del colegio?   D
   3. En las reuniones del consejo estudiantil, hablamos de diferentes   B
      temas.
   4. Tienes que obedecerme.   C
   5. El profesor de música toca en la orquesta de la ciudad.   A
   6. ¡Elena! ¿No me reconoces?   E

Diálogo I

¿Me reconoces?

Escucha.

RAMIRO: Ana, ¿eres tú? ¿Cómo estás?

ANA: ¿Ramiro? Estás cambiado. Casi no te reconozco.

RAMIRO: Soy el mismo, pero con el pelo más corto.

ANA: ¿Por qué desapareciste del colegio?

RAMIRO: Mi familia y yo nos mudamos a Cali.

ANA: ¿De veras? ¿Y cómo es tu vida allí?

RAMIRO: Colaboro en varias actividades del colegio y pertenezco a un club deportivo.

RAMIRO: ¿Cómo está Pablo?

ANA: Pasándola. Ahora es miembro del coro. Si quieres lo llamo enseguida para decirle que estás aquí.

RAMIRO: ¡Chévere!

ANA: Hola, ¿Pablo? ¿A que no sabes quién apareció por aquí?...

3. ¿Qué recuerda Ud.?

1. ¿Por qué Ana no reconoce enseguida a Ramiro?

   Porque Ramiro tiene el pelo más corto.

2. ¿Por qué Ramiro ya no va al colegio de Ana?

   Porque se mudó a Cali con su familia.

3. ¿Qué actividades hace Ramiro?

   Ramiro colabora en varias actividades del colegio y pertenece a un club deportivo.

4. ¿En qué actividad participa Pablo?

   Pablo es miembro del coro.

5. ¿Qué quiere hacer Ana enseguida?

   Ana quiere llamar a Pablo enseguida.

4. Algo personal
No se dan respuestas.

1. ¿Se encuentra Ud. a menudo con amigos de la niñez?

   Answers will vary.

2. ¿Qué dicen ellos cuando lo ven? ¿Lo reconocen?

3. ¿Le gusta vivir en su ciudad? ¿Por qué?

4. ¿Con qué grupos del colegio colabora?

5. **Situaciones**

   Escuche las siguientes situaciones. Escoja la letra de la conclusión más lógica para cada una.

1.	No tengo tiempo de hablar ahora.	A
2.	Todavía no tenemos el horario de los ensayos.	A
3.	Mis hermanos merecen estar en el coro de la escuela.	B
4.	Desapareció mi libro.	B
5.	Mario es muy buen pianista.	A

10. **¿Qué corresponde?**

    Indique qué oración corresponde a cada ilustración.

1.	Mi hermana siempre me ofrece ayuda con la tarea.	D
2.	Anita, ¿no me reconoces? Me parece que necesitas gafas.	B
3.	Tomás traduce perfectamente del inglés al español.	E
4.	Ella y él se parecen mucho. ¡Los dos son casi iguales!	C
5.	Andrea, tú conduces muy bien el carro.	F
6.	Rufo siempre me obedece, pero Mimí no. Ella desaparece.	A

17. **Un amigo de Barranquilla**

    Lea este correo electrónico de Esteban Serrano y conteste las preguntas que siguen.

    Hola amigos,
    Me llamo Esteban Serrano y vivo en Barranquilla, una ciudad al noroeste de Colombia que está junto al río Magdalena y muy cerca del mar Caribe. Vivo en el barrio El Prado, que es un lugar bastante antiguo con casas muy bonitas. El fútbol es mi deporte favorito. A veces, mi padre me lleva al Estadio Metropolitano para ver los partidos. Voy al Colegio San José. Es un colegio mixto (chicos y chicas) y también bilingüe. Acabo de empezar el tercer año de bachillerato. Mi clase favorita es la de matemáticas y pertenezco al club de ajedrez. El próximo julio voy a participar en la Olimpiada Matemática que va a tener lugar en mi ciudad. Por favor, escríbanme pronto.
    Saludos,
    Esteban

1.	¿Dónde está Barranquilla?	Está al noroeste de Colombia, junto al río Magdalena.
2.	¿En qué barrio vive Esteban?	Vive en el barrio El Prado.
3.	¿Qué dice Esteban del fútbol?	Dice que es su deporte favorito.
4.	¿Qué es un colegio mixto?	Es un colegio para chicos y chicas.
5.	¿Aprende otras lenguas Esteban? Si es así, ¿cómo lo sabe Ud.?	Sí, porque va a un colegio bilingüe.
6.	¿Piensa Ud. que Esteban es un buen candidato para la Olimpiada Matemática? Explique por qué.	Sí, porque su clase favorita es la de matemáticas.

Vocabulario II

Clases y horarios

Escucha.

— Deben prestar atención, ser estudiosos, organizados, trabajadores y responsables, y dedicar tiempo a la tarea. De esto dependen sus notas.

— Estoy harto de los profesores exigentes. ¡No es justo! A mí me tocan siempre estos profesores.

— ¡Qué suerte tiene Mariana! Siempre sabe todas las respuestas. La profesora va a estar orgullosa de ella.

— ¿Te fijaste en José? Nunca está motivado para estudiar.
— Es un vago y se lleva mal con todo el mundo. ¡No hay quien lo aguante!

— La profesora es muy estricta.
— Mariana es muy talentosa para las matemáticas.

19. **Roberto**

Escuche las siguientes oraciones sobre cómo es Roberto. Seleccione la ilustración que corresponde con lo que oye.

1. Roberto está orgulloso porque ganó un concurso de ajedrez.   C
2. Él es futbolista. Le encanta jugar en el equipo de la escuela.   A
3. Roberto es muy responsable y le dedica mucho tiempo a sus tareas.   E
4. Es muy organizado con sus cosas.   F
5. Está harto de su hermano. Él escucha música todo el día.   D
6. Roberto se lleva bien con todos sus compañeros.   B

Diálogo II

¡Uf! ¡Qué problema con mi horario!

Escucha.

ANA:	La profesora de historia es bastante estricta.
JOSÉ:	Sí, hay que dedicar mucho tiempo a su tarea... ¡Y de eso dependen las notas!
ANA:	¡Qué vago eres, José!
JOSÉ:	No soy vago... Siempre presto atención a los profesores.
CARLA:	Me dieron siete clases este semestre. ¡No es justo!
ANA:	¿Sólo siete clases? No es mucho. Yo tengo nueve.
JOSÉ:	Ay, Ana, tú siempre tan estudiosa y responsable. No hay quien te aguante. Mejor me voy.

ANA:	¿Qué le pasa a José?
CARLA:	No está motivado y no sabe lo que le gusta.
ANA:	Es muy buen futbolista. ¿Por qué no está orgulloso de eso?
CARLA:	Porque no tiene mucha confianza en sí mismo.

22. ¿Qué recuerda Ud.?

1. ¿Cómo es la profesora de historia?

   La profesora de historia es bastante estricta.

2. ¿Qué dice José acerca de la tarea de historia?

   Dice que hay que dedicar mucho tiempo a la tarea de historia.

3. ¿Qué no es justo, según Carla?

   No es justo que le dieron siete clases.

4. ¿Qué le pasa a José, según Carla?

   Según Carla, José no está motivado y no sabe lo que le gusta.

5. ¿Qué deporte le interesa a José? ¿Cómo lo sabe Ud.?

   Lo que le interesa a José es el fútbol. Lo sé porque Ana dice que él es muy buen futbolista.

6. ¿Qué le falta a José?

   No tiene mucha confianza en sí mismo.

23. Algo personal
No se dan respuestas.

1. ¿Cómo es Ud. en el colegio?

   Answers will vary.

2. ¿Cuánto tiempo le dedica a la tarea?
3. ¿Cuáles son las clases que le parecen más interesantes?
4. ¿Le gustan los deportes? ¿Cuál es su deporte preferido?
5. ¿Qué cree que se necesita para estar motivado por algo?

24. ¿Qué contesta?
Escuche las siguientes situaciones y escoja la letra de la respuesta apropiada para cada una.

1. Siempre tenemos que dedicar más tiempo a estudiar matemáticas.   B
2. ¿Te fijaste en los zapatos que lleva Patricia hoy?   D
3. Me tocó un profesor de música muy bueno. Se llama Pedro, ¿lo conoces?   C
4. No recuerdo lo que dijo el profesor en la clase.   E
5. Sofía se lleva mal con todo el mundo.   A

27. **Cambios y más cambios**

Su compañero le pregunta sobre diferentes personas que Ud. conoce. Pero él no sabe que esas personas han cambiado. Conteste con el adjetivo opuesto al que su compañero usa.

MODELO   Néstor es delgado, ¿no?
          No, ahora está gordo.

1. Tu amigo Luis es bajo, ¿no?   No, ahora está alto.
2. Carmen es rubia, ¿no?   No, ahora es morena.
3. Las primas de Antonio son aburridas, ¿no? No, ahora son divertidas.
4. Tus hermanos son pequeños, ¿no?   No, ahora son grandes.
5. Carlos y su hermana son simpáticos, ¿no?   No, ahora son antipáticos.
6. Tu abuelo es alegre, ¿no?   No, ahora está triste.

Lectura Cultural

El mundo de Botero

Escucha.

Fernando Botero, nacido en Medellín en 1932, es uno de los artistas colombianos más importantes de nuestro tiempo. Sus obras, entre las cuales se encuentran cuadros, dibujos y esculturas, tienen un estilo único que combina la historia del arte, la vida burguesa, la cultura colombiana y los personajes históricos.

Botero usa una manera tradicional de pintar, transformada por su visión personal, única y original. Una característica común de los personajes que viven en su universo es la de ser obesos. Sus personajes no son delgados sino gordos, sus cuerpos se encuentran exagerados, ensanchados. Con esto, el artista quiere explorar el volumen y las figuras geométricas en el espacio.

Sus personajes masculinos y femeninos parecen estáticos, como preparados para una fotografía, y dirigen los ojos hacia la persona que mira el cuadro. La mujer, tema muy frecuente en sus obras, es representada de diferentes edades y en diferentes papeles, como madre, abuela, madrastra, esposa, hija, reina; mientras que el hombre es representado con boca y bigotes pequeños, y brazos cortos.

31. ¿Qué recuerda Ud.?

1. ¿Dónde nació Fernando Botero?

   Fernando Botero nació en Medellín, Colombia.

2. ¿Qué tipo de obras hace Botero?

   Botero hace cuadros, dibujos y esculturas.

3. ¿Qué estilos combina en sus obras?

   Su estilo combina la historia del arte, la vida burguesa, la cultura colombiana y los personajes históricos.

4. ¿Qué característica común tienen sus personajes?

   Una característica común de sus personajes es la de ser obesos.

5. ¿Qué quiere el artista explorar con sus obras?

   El artista quiere explorar el volumen y las figuras geométricas en el espacio.

6. ¿Cómo son sus personajes masculinos y femeninos?

   Sus personajes masculinos y femeninos parecen estáticos, como preparados para una fotografía, y dirigen sus ojos hacia el que mira el cuadro.

32. Algo personal
No se dan respuestas.

1. Mire uno de los cuadros de Botero de esta página y describa lo que ve.

   Answers will vary.

2. ¿Cree Ud. que los cuadros de Botero representan la vida real? Explique su respuesta.

Éste es el fin de la Lección A del Capítulo 1.

Lección B

Vocabulario I

Después de las clases

Escucha.

— A mis hermanos les gustan los animales. Ellos pasean perros y, por ahora, quieren ser entrenadores de animales.

— Sebastián es un ciclista excelente. Monta en bicicleta todos los días.

— Tomás es beisbolista. Es un deportista muy activo y atlético. Se entrena todos los días.

— Mario es atleta y participa en muchas competencias.

— Melisa trabaja de instructora de básquetbol. Es una instructora muy buena. Da clases a niños pequeños.

— Daniela toca la guitarra. Es una música muy buena.

— Carlos es muy curioso y le gusta reparar cosas. Es un mecánico muy hábil.

— ¿Cuál es tu oficio favorito?

— Estudiante sociable para atender a personas mayores.

— Repartidor o repartidora para repartir periódicos.

— Estudiante para dar clases e investigar temas de arte.

— Niñera práctica para cuidar niños.

— Hablar con Paola respecto a los anuncios.

1. **¿Cuál es su oficio?**
Diga qué es cada persona, según lo que hace. Seleccione la letra de la foto que corresponde con lo que oye.

1. A Marta le encantan los niños. ¿Cuál es su oficio?   E. Es niñera.
2. Carola le ayuda a su papá a repartir alimentos a las casas.   C. Es repartidora.
   ¿Qué es?
3. María toca el piano desde pequeña. ¿Qué es?   B. Es música.
4. Enrique juega muy bien al béisbol. ¿Qué es?   A. Es beisbolista.
5. Mi padre enseña a los estudiantes a jugar al baloncesto. ¿Cuál   F. Es entrenador.
   es su oficio?
6. A Mario le gusta montar en bicicleta. ¿Qué es?   D. Es ciclista.

Diálogo I

¿Qué es tu hermana?

Escucha.

ROSA: Ayer vi a tu hermana Eva en el parque. ¿Qué es ella?
VÍCTOR: Es entrenadora de un equipo de fútbol femenino. Es una entrenadora excelente.
ROSA: No sabía que el fútbol femenino era tan popular.

ROSA: ¿Y hay que ser muy atlética para jugar al fútbol?
VÍCTOR: Sí, y también muy activa. ¿Quieres hablar con Eva? Ella te puede dar clases.
ROSA: Sí, ¿cuándo la puedo ver?
VÍCTOR: Si quieres, vamos ahora.

VÍCTOR: Hola, Eva. Rosa dice que quiere jugar al fútbol.
EVA: ¡Chévere! Nos entrenamos todos los días en el parque.¿Cuándo puedes comenzar?
ROSA: ¡Ahora mismo!

3. ¿Qué recuerda Ud.?

1. ¿Qué es la hermana de Víctor?

   Es entrenadora de un equipo de fútbol femenino.

2. ¿Cómo hay que ser para jugar al fútbol?

   Hay que ser muy atlética y activa para jugar al fútbol.

3. ¿Qué le sugiere Víctor a Rosa?

   Le sugiere que hable con su hermana si quiere aprender a jugar al fútbol.

4. ¿Dónde se entrenan las chicas?

   Las chicas se entrenan en el parque.

5. ¿Cuándo puede comenzar Rosa?

   Ahora mismo.

4. Algo personal
No se dan respuestas.

1. ¿Se entrena Ud. en algún deporte? ¿Cuál?

   Answers will vary.

2. ¿Tiene algún trabajo después de la escuela o los fines de semana? Si es así, ¿qué hace?

3. ¿Tiene algún pasatiempo? ¿Cuál?

4. ¿Qué adjetivos asocia Ud. con un beisbolista? ¿Y con un mecánico?

5. Según su opinión, ¿cuál es el mejor trabajo para una estudiante?

5. ¿Qué oficios tienen?
Escuche lo que hacen las siguientes personas y escriba el oficio o profesión que asocia con esa persona.

1. Marisa enseña baloncesto en un club atlético.

   Marisa es entrenadora de baloncesto.

2. Todas las mañanas, Ernesto reparte periódicos en su barrio.

   Ernesto es repartidor de periódicos.

3. Raúl toca la guitarra en un club todas las noches.

   Raúl es músico.

4. Marta participa en carreras de bicicletas todos los años.

   Marta es ciclista.

5. Silvia cuida niños todas las tardes después de las clases.

   Silvia es niñera.

6. Andrés juega al béisbol y se entrena todos los días.

   Andrés es beisbolista.

6. Conexión con otras disciplinas: deporte

Diga si las siguientes oraciones son ciertas o falsas. Si son falsas, corríjalas.

1. El béisbol no es muy popular en Venezuela.

   Falso: El béisbol es el deporte más popular en Venezuela.

2. La historia del béisbol en Venezuela tiene casi un siglo.

   Falso: La historia del béisbol en Venezuela tiene más de un siglo.

3. El primer equipo venezolano de béisbol se llamaba "Caracas".

   Cierto.

4. En 1941 Venezuela gana el título nacional.

   Falso: En 1941, Venezuela gana el título internacional.

5. El primer venezolano en las Grandes Ligas fue Daniel Canónico.

   Falso: El primer venezolano en las Grandes Ligas fue Alejandro Carrasquel.

6. Luis Aparicio está en el Salón de la Fama de Estados Unidos.

   Cierto.

7. El fútbol no es tan popular como el béisbol.

   Cierto.

12. ¿Qué son?

Identifique la ocupación de cada persona en las ilustraciones y describa cómo es esa persona.

MODELO Marisa / excelente
A: Marisa es niñera, ¿verdad?
B: Sí, es una niñera excelente.

1. Roberto / muy curioso

   Roberto es reportero, ¿verdad? ... Sí, es un reportero muy curioso.

2. Eva y Raquel / bastante conocidas

   Eva y Raquel son tenistas, ¿verdad? ... Sí, son unas tenistas bastante conocidas.

3. Gabriela / hábil

   Gabriela es una mecánica, ¿verdad? ... Sí, es una mecánica muy hábil.

4. Rubén / muy talentoso

   Rubén es músico, ¿verdad? ... Sí, es un músico muy talentoso.

5. Sra. Vélez / bastante estricta

   La Sra. Vélez es entrenadora de fútbol, ¿verdad? ... Sí, es una entrenadora bastante estricta.

6. Ana / muy simpática

   Ana es repartidora, ¿verdad? ... Sí, es una repartidora muy simpática.

Vocabulario II

¿Qué vemos esta noche?

Escucha.

película romántica
ciencia ficción
película de vaqueros
musical
película policíaca
película de terror
película cómica

— ¿Qué película nos gusta a todos?
— ¿Podemos ver "En el espacio"? Tiene muchos efectos especiales.
— A mí me gustan las películas de aventuras y los dramas.
— ¿Por qué no vemos "L'Amour"? Es en francés. No está doblada al español, pero tiene subtítulos. Leí que la actuación y el guión son excelentes.
— Yo no entiendo francés... ¡Quiero ver dibujos animados!

— Hoy hay un documental sobre el actor Mario Fuentes en el Canal 7.
— ¿De qué se trata?
— De su vida y de las películas en las que actuó.
— Para serte sincero, no lo aguanto. Me cae mal. Esta película es más interesante.

15. ¿Qué película o programa es?
Seleccione la foto que corresponde con lo que oye.

1. ¿En qué película hay escenas de amor? E
2. ¿Qué película tiene efectos especiales? A
3. ¿En qué obra los actores cantan todo el tiempo? D
4. ¿En qué película hay policías? F
5. ¿En qué película actúan vaqueros? B
6. ¿Qué película le da miedo a la gente? C

Diálogo II

¡Me fascina ese programa!

Escucha.

ROSA: Me fascina este programa de dibujos animados.
VÍCTOR: Sí, además el guión es excelente.
ROSA: También me gustan las películas del Canal 20. ¿Y a ti?
VÍCTOR : A mí también, especialmente las policíacas.

ROSA:	Me encanta la ciencia ficción. Para serte sincera, me encantaría aprender a hacer efectos especiales.
VÍCTOR:	Pues aquí en el periódico hay un anuncio de una escuela de cine en Caracas.
VÍCTOR:	Fíjate, hay clases muy interesantes: de actuación, de efectos especiales...
ROSA:	¡Quiero ir ahora mismo!
VÍCTOR:	¿Invito a Juan?
ROSA:	¡No, no lo aguanto! No entiende nada de cine.
VÍCTOR:	Entonces vamos solos.

17. ¿Qué recuerda Ud.?

1. ¿Qué programa le fascina a Rosa? — A Rosa le fascina el programa de dibujos animados.

2. Según Víctor, ¿qué es excelente? — Según Víctor, el guión es excelente.
3. ¿Qué películas mira Víctor? — Víctor mira las películas policíacas.
4. ¿Qué le encanta a Rosa? ¿Qué quiere aprender? — A Rosa le encanta la ciencia ficción. Quiere aprender a hacer efectos especiales.
5. ¿Qué clases ofrecen en la escuela de cine de Caracas? — Ofrecen clases de actuación y efectos especiales.
6. ¿Qué opina Rosa de Juan? — No lo aguanta porque no entiende nada de cine.

18. Algo personal

No se dan respuestas.

1. ¿Qué tipo de películas le gustan a Ud.? — Answers will vary.
2. ¿Qué programas de televisión prefiere?
3. ¿Cuál es su película favorita? ¿Y su programa favorito?
4. ¿De qué se trata su película favorita? ¿Y su programa favorito?
5. ¿Prefiere las películas extranjeras con subtítulos o dobladas? ¿Por qué?

19. ¿Qué es?

Escuche las definiciones. Escoja la letra de la palabra o frase que asocia con cada definición.

1. Obra en que los actores cantan casi todo el tiempo. — B
2. Película que hace reír a la gente. — C
3. Texto escrito en otra lengua que tienen las películas extranjeras. — A
4. Programas que hablan sobre temas de la vida real. — A
5. Película que tiene muchos efectos especiales. — B

20. Las telenovelas venezolanas
Conteste las siguientes preguntas sobre las telenovelas venezolanas.

1. ¿Quiénes miran telenovelas en Venezuela?

   Todas las personas, desde las que viven en las pequeñas casas de montaña, hasta las de los mejores barrios.

2. ¿Qué otros públicos gozan de las telenovelas venezolanas, además del público venezolano?

   Los públicos de otros países de América Latina, Europa y Estados Unidos.

3. ¿Por qué las telenovelas venezolanas baten récords de audiencia?

   Las telenovelas venezolanas baten récords de audiencia gracias a sus historias basadas en la realidad y su lenguaje popular.

4. ¿Qué telenovela venezolana tuvo mucho éxito?

   La telenovela *Cristal.*

5. ¿Dónde están las raíces de la telenovela?

   Las raíces de la telenovela están en Cuba.

6. ¿Qué sucedió poco a poco en la televisión venezolana?

   Poco a poco, la telenovela se fue haciendo parte de la vida cotidiana, convirtiéndose en el género más característico de la televisión venezolana.

Lectura personal

Ruta Quetzal: recuerdos de Venezuela

Escucha.

Queridos mamá y papá,

Les escribo desde Venezuela. El 14 de julio nos levantamos muy temprano. Recogimos el campamento y partimos hacia Puerto La Cruz. Fue un viaje largo, pero finalmente nos embarcamos en el ferry con destino a la Isla Margarita.

Pasamos toda la noche navegando por el mar Caribe. Al amanecer ya estábamos en la "perla del Caribe". Hicimos el campamento en la playa de Guayacán. La Isla Margarita tiene selva tropical, saltos, ríos, médanos y espacios verdes con una gran variedad de flora y fauna. Es un lugar con una belleza extraordinaria. Todos estamos aprendiendo cosas importantes. Cada momento especial que vivimos en la Ruta Quetzal quedará siempre en nuestras memorias.

Hasta pronto,

Mariana

27. **¿Qué recuerda Ud.?**

1. ¿Qué hizo Mariana el 14 de julio?

   El 14 de julio Mariana se levantó temprano, recogió el campamento y partió hacia Puerto La Cruz.

2. ¿Con qué otro nombre se conoce a la Isla Margarita?

   Se conoce a la Isla Margarita con el nombre "perla del Caribe".

3. ¿Cómo es la Isla Margarita?

   La Isla Margarita tiene una belleza extraordinaria.

4. ¿Qué es la Ruta Quetzal?

   La Ruta Quetzal es un viaje de estudios para jóvenes que, cada año, recorren España y algún país americano durante dos meses.

28. **Algo personal**
    No se dan respuestas.

1. ¿Viaja Ud. a otros países o estados? ¿Cuáles?

   Answers will vary.

2. ¿Conoce algún viaje de estudios similar a la Ruta Quetzal?

3. ¿Le gustaría participar en la Ruta Quetzal? ¿Qué países le gustaría visitar?

Éste es el fin de la Lección B del Capítulo 1.

¡Viento en popa!

Ud. lee

Versos sencillos (selección)

Escucha.

> Yo soy un hombre sincero,
> de donde crece la palma,
> y antes de morirme quiero
> echar mis versos del alma.
>
> Yo vengo de todas partes,
> y hacia todas partes voy:
> arte soy entre las artes,
> en los montes, monte soy.
>
> Yo sé los nombres extraños
> de las yerbas y las flores,
> y de mortales engaños,
> y de sublimes dolores.

Mi verso es de un verde claro
y de un carmín encendido.
Mi verso es un ciervo herido
que busca en el monte amparo.

Todo es hermoso y constante.
Todo es música y razón.
Y todo, como el diamante,
antes que luz, fue carbón.

Yo he visto al águila herida
volar al azul sereno,
y morir en su guarida
la víbora del veneno.

Con los pobres de la tierra
quiero yo mi suerte echar:
el arroyo de la sierra
me complace más que el mar.

Cultivo una rosa blanca
en junio como en enero
para el amigo sincero
que me da su mano franca.

Y para el cruel que arranca
el corazón con que vivo
cardo ni ortiga cultivo:
cultivo una rosa blanca.

A. ¿Qué recuerda Ud.?

1. ¿Qué quiere hacer Martí antes de morir?

   Antes de morir, José Martí quiere echar sus versos del alma.

2. Martí primero dice que viene "de donde crece la palma". Después dice que pertenece a muchos lugares. ¿Cómo expresa este pensamiento en la segunda estrofa?

   Dice que "vengo de todas partes, y hacia todas partes voy: arte soy entre las artes, en los montes, monte soy".

3. ¿Qué elementos de la tercera y cuarta estrofa pueden relacionarse?

   La cuarta estrofa ilustra y extiende la tercera. Las yerbas son verdes, las flores son rojas, los engaños son como un ciervo herido.

4. ¿Por qué la víbora muere en su guarida?

   La víbora muere porque tiene veneno.

5. En las dos últimas estrofas, Martí dice que cultiva una rosa blanca. ¿Para quiénes lo hace? ¿Por qué?

   Martí cultiva la rosa blanca tanto para sus amigos como para sus enemigos. Trata a todos igual.

B. Algo personal

No se dan respuestas.

1. José Martí quería una América libre y unida, y luchó por ella toda su vida. En América Latina la política continúa siendo hoy muy importante para los jóvenes. ¿Es importante para Ud.?
2. ¿Está de acuerdo con Martí en cultivar una rosa blanca para sus enemigos? Explique la posición de Martí y compárela con la suya.

Answers will vary.

Trabalenguas

Escucha y repite.

Me han dicho que has dicho un dicho, un dicho que han dicho que he dicho yo, el que lo ha dicho mintió, y en caso que hubiese dicho ese dicho que tú has dicho que han dicho que he dicho yo, dicho y redicho quedó y estará muy bien dicho, siempre que yo hubiera dicho ese dicho que tú has dicho que han dicho que he dicho yo.

Éste es el fin de la sección ¡Viento en popa! del Capítulo 1.

Capítulo 2 En familia

 Lección A

Vocabulario I

Un cumpleaños muy especial

Escucha.

el bigote
los lentes
la barba

— Ana está casada con Pedro, el hijo de don Luis. Es la nuera de don Luis.
— María y Nora son gemelas. A diferencia de su madre, que tiene el pelo lacio, las dos tienen el pelo castaño rizado.
— El padrino y la madrina de Jorge llegaron a Miami de Cuba cuando eran muy jóvenes.
— Mirta y Sara son cuñadas. Están casadas con los hijos de don Alberto y doña Inés. Don Alberto y doña Inés son sus suegros.
— Ricardo está casado con Lola, la hija de don Luis. Es el yerno de don Luis.
— Don Luis es viudo. Su mujer murió hace dos años.

— ¿Quieren comer algo?
— Yo no quiero comer nada ahora.
— Yo tampoco.

— Tenemos que sacar una foto de toda la familia.
— ¿Alguien tiene una cámara?

— ¿Dónde está mi cuñado? Ah ... allí está. Casi no lo reconozco. ¡Pedro!

— ¿Alicia está casada?
— No, es soltera.

1. **¿Cómo son estas personas?**
    Indique la letra de la foto que corresponde con cada oración que oye.

    1. Marcos tiene el cabello castaño rizado.   C
    2. Mi padrino tiene bigote.   D
    3. Los hijos de la cuñada de Marta son gemelos.   E
    4. El suegro de Tatiana usa lentes.   A
    5. Mi hermano mayor tiene barba.   F
    6. Sofía tiene el pelo lacio.   B

Diálogo I

¿Conoces a algún chico guapo?

Escucha.

NATALIA: No sé qué ponerme para la fiesta de mi cuñada.
ROMINA: ¿Por qué no te pones algún vestido?
NATALIA: No tengo ninguno. Creo que me voy a poner unos pantalones y una camisa.
ROMINA: Buena idea.

NATALIA: ¿Quiénes van a la fiesta? ¿Conoces a algún chico guapo?
ROMINA: Sí, conozco a varios chicos guapísimos. A mí me cae bien uno que se llama Mario. Tiene el pelo castaño rizado y usa lentes.

ROMINA: Creo que a ti te va a caer bien Julio. ¿Lo conoces?
NATALIA: ¡Claro! Es el hijo de mi padrino, pero tiene un amigo que me encanta. ¿Conoces a Fabián?
ROMINA: Sí, él va a la fiesta.
NATALIA: ¡Qué bien!

3. ¿Qué recuerda Ud.?

1. ¿Qué le pasa a Natalia?   Natalia no sabe qué ponerse para la fiesta.
2. ¿Por qué Natalia no se pone algún vestido?   Natalia no tiene ningún vestido.
3. ¿Conoce Romina a algún chico guapo?   Sí, Romina conoce a varios chicos guapísimos.
4. ¿Cómo es Mario?   Mario tiene el pelo castaño rizado y usa lentes.
5. ¿Quién es Julio?   Julio es el hijo del padrino de Natalia.
6. ¿Cómo se llama el chico que le encanta a Natalia?   Se llama Fabián.

4. Algo personal
No se dan respuestas.

1. ¿Le gusta a Ud. ir a fiestas con sus amigos?   Answers will vary.
2. ¿Conoce a algún chico o alguna chica guapa? ¿Cómo es él o ella?
3. ¿Cómo es su familia? ¿Tiene muchos parientes?
4. ¿Se reúne Ud. con toda su familia? ¿Cuándo?
5. ¿Quién es su pariente favorito? Descríbalo.

5. Los parientes
Escuche las siguientes oraciones y escoja la letra de la respuesta correcta.

1. La madre de mi marido tiene el pelo lacio y los ojos marrones.   C
2. El hermano de mi marido todavía está soltero.   A
3. El marido de mi hija usa lentes.   C
4. La mujer de mi hijo tiene el pelo largo y rizado.   C
5. El padre de mi marido tiene barba y bigote.   B

6. ¿Qué es el *Spanglish*?
   Conteste las siguientes preguntas.

   1. ¿Qué es el *Spanglish*? ¿Quiénes lo hablan?

   El *Spanglish* es una mezcla del español y el inglés. Lo hablan los hispanos que viven en los Estados Unidos.

   2. ¿En qué ciudades de Estados Unidos se habla más *Spanglish*?

   Se habla más *Spanglish* en Nueva York, Miami y Los Ángeles.

   3. ¿Qué opina la gente sobre el *Spanglish*?

   Algunas personas piensan que el *Spanglish* es un fenómeno positivo, otros dicen que es malo, porque la gente que lo usa no sabe bien ni el español ni el inglés.

   4. ¿Por qué cree Ud. que tantas personas usan el *Spanglish*?

   Answers will vary, but might include: Tantas personas usan el *Spanglish* porque viven en una cultura bilingüe.

   5. ¿Conoce otro país o lugar en que la gente habla una mezcla de dos idiomas?

   [No se dan respuestas.]

   6. ¿Qué piensa Ud. del *Spanglish*?

   [No se dan respuestas.]

9. **Dime la verdad**

   Siga el modelo para crear oraciones negativas. Las respuestas tienen que empezar siempre con *no*.

   MODELO **A:** Dime si tienes algún pariente cubano.
   B: No, no tengo ningún pariente cubano.

   1. Dime si siempre estás de buen humor.
   No, nunca estoy de buen humor.
   2. Dime si ya tienes coche.
   No, todavía no tengo coche.
   3. Dime si tu papá o tu tío tienen barba.
   No, ni mi papá ni mi tío tienen barba.
   4. Dime si todavía duermes con un oso de peluche.
   No, ya no duermo con un oso de peluche.
   5. Dime si tienes cuñados.
   No, no tengo ningún cuñado.
   6. Dime si conoces a alguien famoso.
   No, no conozco a nadie famoso.
   7. Dime si también te gusta bailar.
   No, tampoco me gusta bailar.

Vocabulario II

Una mudanza

Escucha.

- Rosa está decorando la habitación.
- Laura tiene un estéreo nuevo. Lo está enchufando.
- Laura no tiene su propia habitación. La comparte con su hermana.
- El padre está clavando un clavo para colgar un cuadro.
- La abuela está regando las plantas.
- La madre está vaciando el basurero.
- Nicolás está desarmando su tren eléctrico porque no funciona.

- Se construyen casas y se reparan suelos de madera. Tienda Todo Madera.
- Se arreglan calefacciones. Lo podemos ayudar. Llame al 555-7766.
- Se vende cortacésped casi nuevo. Muy barato. Hablar con Enrique: 555-3233.
- Se conectan computadoras. Llamar al 555-1234.

el pasillo
las cajas
el detector de humo
el martillo
el extinguidor de incendios
los clavos
el destornillador
los tornillos
la terraza

12. **¿Qué están haciendo estas personas?**
    Seleccione la foto que corresponde con lo que oye.

1.	Marisa está usando el destornillador.	D
2.	Gloria está vaciando el basurero.	A
3.	Mi tía está regando las flores.	E
4.	Están construyendo una casa nueva en el barrio.	C
5.	Pedrito está enchufando la televisión.	B
6.	Pablo está usando el cortacésped.	F

Diálogo II

¿Qué están haciendo?

Escucha.

NATALIA:	¿Qué estás haciendo, Romina?
ROMINA:	Estoy reparando la aspiradora.
NATALIA:	¿Ya la desarmaste?
ROMINA:	Sí. La conecté pero todavía no funciona.
NATALIA:	¿Por qué no la llevas a reparar a algún lugar?
ROMINA:	No conozco ninguno.
NATALIA:	En este anuncio dicen que se reparan aspiradoras.
ROMINA:	¿Y las reparan en casa?
NATALIA:	No.
ROMINA:	Buenas tardes. Mi aspiradora no funciona.
DEPENDIENTE:	La voy a tener que desarmar. ¿Para cuándo la necesita?
ROMINA:	Lo más pronto posible. Mi madre siempre está usándola para limpiar la casa.

14. ¿Qué recuerda Ud.?

1. ¿Qué está haciendo Romina? — Está reparando la aspiradora.
2. ¿Por qué no lleva Romina la aspiradora a algún lugar? — Porque no conoce ninguno.
3. ¿Qué dice el anuncio? — El anuncio dice que se reparan aspiradoras.
4. ¿Se reparan aspiradoras en casa? — No, no se reparan aspiradoras en la casa.
5. ¿Por qué Romina necesita la aspiradora lo más pronto posible? — Porque su madre siempre está usándola.

15. Algo personal
No se dan respuestas.

1. ¿Cuántas habitaciones hay en su casa? Descríbalas. — Answers will vary.
2. ¿Qué hace Ud. cuando algo no funciona?
3. ¿Le gusta construir o reparar cosas? ¿Qué puede Ud. construir o reparar?
4. ¿Tiene su propia habitación?

16. ¿Para qué se usa?
Escoja la letra del objeto que se usa en cada situación.

1. Se usa para apagar incendios. — E
2. Se pone cuando hace frío. — A
3. Se usan para colgar cuadros en las paredes. — D
4. Se usan con un destornillador. — C
5. Se usa para saber si algo se quema. — B

17. San Antonio
Conteste las siguientes preguntas.

1. ¿En qué se diferencia la población de San Antonio de otras poblaciones de Estados Unidos? — Los hispanos tienen un importante papel en la vida política, cultural y económica de la ciudad.
2. ¿Cuándo se ve mejor la mezcla cultural de San Antonio? — En abril, durante la Fiesta de San Antonio.
3. ¿Qué batallas se recuerdan durante la Fiesta de San Antonio? — Se recuerdan las batallas de El Álamo y San Jacinto.
4. ¿Qué cosas hay en la fiesta? — Hay música, comidas típicas, orquestas, competencias deportivas y varios desfiles.
5. ¿Quiénes participan en la Fiesta del Mercado? — Muchos grupos de mariachis participan en la Fiesta del Mercado.
6. ¿Conoce otra ciudad de Estados Unidos que celebre alguna fiesta hispana de una forma especial? Si es así, descríbala. — Answers will vary.

27. Se busca...

Lea los anuncios del periódico y decida cuál es la mejor opción para estas personas.

1. El Sr. y la Sra. Ramos buscan una casa. Tienen cuatro hijos y la suegra de la Sra. Ramos vive con ellos.	C
2. La señorita Pérez vive sola.	B
3. Juanita y Miguel tienen dos perros grandes.	A
4. Patricia y María son estudiantes.	E
5. Alfonso es pintor y necesita un espacio con mucha luz.	F
6. Armando, Luis y Guillermo quieren abrir un restaurante.	D

Lectura Cultural

Carmen Lomas Garza: retratos de la comunidad mexicoamericana

Escucha.

Carmen Lomas Garza nació en Kingsville, Texas, en 1948. A los 13 años decidió que quería ser pintora. Ella dice que, con la inspiración del Movimiento de Chicago de los años sesenta, decidió dedicar su creatividad a describir los sucesos de la vida cotidiana de los mexicoamericanos. Su objetivo era pintar esos sucesos de una forma que tanto los adultos como los niños pudieran disfrutar. Además, las personas que no conocen la cultura mexicoamericana pueden aprender sobre las costumbres, las comidas, las creencias y las tradiciones de este grupo étnico a través de sus cuadros.

Sandía, por ejemplo, es uno de sus cuadros más conocidos. Nos muestra una familia que se reúne para comer sandía. El estilo naif de su pintura, donde la perspectiva y las proporciones nunca son perfectas, nos presenta la vida de los mexicoamericanos a través de la mirada inocente de los niños.

29. ¿Qué recuerda Ud.?

1. ¿Dónde nació Carmen Lomas Garza?	En Kingsville, Texas, en 1948.
2. ¿Cuándo decidió ser pintora? ¿Por qué?	Decidió ser pintora a los trece años. Quería describir la vida cotidiana de los mexicoamericanos.
3. ¿Cómo es el estilo de las pinturas de esta artista?	Su estilo es naif, como el de un niño, la perspectiva y las proporciones no son perfectas.
4. ¿Quiénes son los personajes de sus cuadros?	Los mexicoamericanos.
5. ¿Por qué la pintora pinta en este estilo?	Quiere que los adultos y los niños puedan disfrutar de sus cuadros.
6. ¿Qué visión de la vida nos presenta la artista?	La visión de un niño.

30. Algo personal
No se dan respuestas.

1. Observe uno de los cuadros de Lomas Garza y describa lo que siente al mirarlo.
2. Al mirar sus cuadros, ¿qué puede decir de la vida cotidiana de los mexicoamericanos?
3. ¿Qué otras características observa en sus cuadros?

Answers will vary.

Éste es el fin de la Lección A del Capítulo 2.

Lección B

Vocabulario I

La rutina de las mañanas

Escucha.

— ¡Date prisa, Roberto! Soy bastante paciente, pero ahora me toca a mí usar el baño.
— ¡Eres un mandón Héctor! Ya sabes que somos una familia numerosa. Ahora mismo salgo.

— Ustedes siempre se pelean por el baño. ¿Les falta mucho?
— ¡Me enojo porque no tengo mi propio baño!

el cepillo de dientes
la pasta de dientes
el lápiz de labios
el esmalte de uñas
el secador

- Marcia se seca el pelo. Ella se prepara para ir a la escuela.
- Carola se pinta los labios.
- Héctor se pone furioso cuando ve el desorden del baño.
- El suelo está mojado.

1. **Situaciones**

   Escuche los diálogos y diga a qué foto se refieren.

   1. MAMÁ: Pedrito, ¿vas a lavarte los   D
      dientes?
      PEDRITO: No, mamá. No hay más
      pasta de dientes.

   2. ANA: ¿Estás lista para la fiesta, Julia?   F
      JULIA: Todavía no. Necesito pintarme
      los labios.

   3. LUIS: ¿Tu familia es muy numerosa?   B
      CARMEN: Sí, tengo muchos parientes.

   4. RITA: ¿Te enojas con tu hermano   C
      algunas veces?
      JUANA: Sí, me pongo furiosa cuando él
      usa mi computadora.

   5. PABLO: Te toca a ti vaciar el basurero.   E
      JORGE: Bueno, no seas tan mandón.
      Ahora mismo lo hago.

   6. SARA: ¿Por qué tienes el pelo mojado?   A
      LAURA: Porque mi secador no
      funciona.

2. **¿Con qué se lava el pelo?**

   Diga qué usaría para hacer lo siguiente. Escriba una oración sobre lo que hace en cada caso.

   MODELO   lavarse el pelo
              Yo me lavo el pelo con champú.

1.	pintarse las uñas	Yo me pinto las uñas con el esmalte de uñas.
2.	lavarse los dientes	Yo me lavo los dientes con el cepillo de dientes y la pasta de dientes.
3.	secarse el pelo	Yo me seco el pelo con el secador.
4.	secarse las manos	Yo me seco las manos con la toalla.
5.	pintarse los labios	Yo me pinto los labios con el lápiz de labios.

Diálogo I

¿Por qué se pelean?

Escucha.

MARÍA:	¿Dónde está mi lápiz de labios rosado?
ANALÍA:	No sé, yo no me pinto con él.
MARÍA:	¿Estás segura? Tú siempre usas mis cosas.
ANALÍA:	¡Sí, estoy segura! Eres una mandona.
RICARDO:	Chicas, ¿por qué se pelean?
MARÍA:	No encuentro mi lápiz de labios y creo que lo tiene Analía.
ANALÍA:	Siempre que te falta algo, te enojas conmigo.
RICARDO:	¿Lo buscaste en tu bolso?
MARÍA:	No me fijé allí... Déjame ver... Ah, aquí está... Analía, te pido perdón...
ANALÍA:	Está bien, pero tienes que hacer algo con este desorden.

3. ¿Qué recuerda Ud.?

1. ¿Qué está buscando María?
2. ¿Por qué María cree que Analía tiene el lápiz de labios?
3. ¿Qué hace María siempre que le falta algo?
4. ¿Dónde está el lápiz de labios?
5. ¿Qué le dice Analía a María al final?

Está buscando su lápiz de labios rosado.
Porque ella siempre usa sus cosas.

Se enoja con Analía.

El lápiz de labios está en el bolso de María.
Le dice que tiene que hacer algo con el desorden.

4. Algo personal
No se dan respuestas.

1. ¿Qué hace Ud. cuando no encuentra algo?
2. ¿Se pelea con sus parientes a veces? ¿Por qué?
3. ¿Usa las cosas de sus hermanos o de sus amigos? ¿Qué cosas?
4. ¿Hay una persona mandona en su familia? ¿Quién es?
5. ¿Es su familia numerosa?

Answers will vary.

5. Conclusiones lógicas

Escuche las siguientes oraciones. Escoja la letra de la conclusión lógica para cada una.

1. ¡Ay, cuidado! ¡Te vas a caer!   C
2. Primero, vas a vaciar el basurero, luego vas a recoger las toallas del baño y después vas a lavar la ropa.   A
3. Date prisa. Necesito usar el secador ahora mismo.   E
4. ¿Dónde está mi lápiz de labios? ¿Dónde está el cepillo de dientes?   B
5. —¡Me toca a mí usar el baño! —¡No, me toca a mí!   D

6. Anuncios para la población hispana

Conteste las siguientes preguntas.

1. ¿Por qué las grandes empresas no pueden ignorar a la población hispana de Estados Unidos?

   La población hispana es muy grande: 32 millones de personas.

2. ¿Por qué es difícil hacer anuncios comerciales para los hispanos de Estados Unidos?

   Los jóvenes latinos a veces no se identifican con las situaciones y los personajes de los anuncios en inglés.

3. ¿Qué solución buscó una compañía publicitaria?

   Hacer anuncios en inglés con artistas hispanos.

4. ¿Recuerda algún anuncio comercial en español o en el que aparece un artista hispano? Si es así, descríbalo.

   [No se dan respuestas.]

5. ¿Por qué cree que los jóvenes hispanos se pueden identificar con ese comercial?

   [No se dan respuestas.]

6. ¿Cree que les puede gustar también a otros jóvenes estadounidenses? ¿Por qué?

   [No se dan respuestas.]

10. La rutina diaria

Use las siguientes preguntas para hacerles una encuesta a cinco compañeros. Tome notas de sus respuestas y presente los resultados frente a la clase. No se dan respuestas.

1. ¿Te gusta levantarte tarde o temprano?

   Answers will vary.

2. ¿Prefieres bañarte o ducharte?
3. ¿Cuánto tiempo tardas en vestirte?
4. ¿Sueles cepillarte los dientes antes o después de desayunar?
5. ¿Vas a lavarte el pelo hoy?

Vocabulario II

Los quehaceres en la casa

Escucha.

— Cuelga las camisas en las perchas.
— Haz la cama. Pon la cobija entre las sábanas y el cubrecamas.
— ¡Ay, qué desordenado eres, Raúl! Guarda tu ropa dentro de la cómoda.
— Raúl, debes ser más ordenado. Ven acá y recoge los libros del piso.

la mesa de noche
la cobija
el colchón
las sábanas
el cubrecamas
la cómoda
la almohada
la funda
el sofá
los estantes

- La ventaja de tener mi propio cuarto es que no tengo que compartirlo con nadie. La desventaja es que siempre está desordenado.

19. ¡Guarda las cosas!

Escuche los siguientes mandatos. Seleccione la foto que corresponde con lo que oye.

1. ¡Cambia las sábanas de la cama!   E
2. ¡Guarda los libros en el estante!   D
3. ¡Cuelga la ropa en las perchas!   F
4. ¡Ven acá!   A
5. ¡Sé más ordenada!   B
6. ¡Siéntate en el sofá!   C

Diálogo II

¡Pon tus cosas en orden!

Escucha.

MARÍA: ¿Por qué está tan desordenado el escritorio?
ANALÍA: No tengo ningún estante para poner mis cosas.
MARÍA: Pero puedes guardarlas en la cómoda.
ANALÍA: No hay lugar. Toda tu ropa está allí.

MARÍA:	La saco ahora mismo.
ANALÍA:	¿Y dónde la pones?
MARÍA:	Dentro del armario.
ANALÍA:	Eres muy ordenada, María.
MARÍA:	Ayúdame un poco y tráeme esas perchas...
MARÍA:	Si cuelgas la ropa en las perchas, tienes más espacio.
ANALÍA:	¿Qué hago ahora?
MARÍA:	Cuelga tu ropa.
ANALÍA:	Eres muy eficiente, María.
MARÍA:	No hables tanto y date prisa, Analía.

22. ¿Qué recuerda Ud.?

1. ¿Por qué está tan desordenado el escritorio de María y Analía?
2. ¿Por qué no hay lugar en la cómoda?
3. ¿Dónde pone María su ropa ahora?
4. ¿Qué hacen con la ropa? ¿Para qué?

Porque Analía no tiene ningún estante para poner sus cosas.
Porque María tiene allí su ropa.
María la pone ahora dentro del armario.
La cuelgan en las perchas para tener más espacio.

23. Algo personal
No se dan respuestas.

1. ¿Comparte Ud. su cuarto con alguien?
2. ¿Está ordenado su cuarto?
3. ¿Dónde guarda Ud. su ropa?
4. ¿Qué quehaceres de la casa hace Ud.?
5. ¿Qué ventajas tiene ser ordenado?

Answers will vary.

24. ¡Ordena tu cuarto!
Escoja la letra de lo que le dice a Orlando su madre en cada situación.

1. Orlando tiene sus libros en la cama.   D
2. Las sábanas de la cama de Orlando están sucias.   C
3. El escritorio está muy desordenado.   A
4. Orlando tiene sus pantalones y camisas sobre una silla. B
5. Los zapatos están en el suelo.   E

25. La presencia hispana en Nueva York
Conteste las siguientes preguntas.

1. ¿Cuáles son las comunidades hispanas más grandes de Nueva York?

   La mexicana y la dominicana.

2. ¿Cuáles son algunas de las personas e instituciones hispanas más conocidas de la ciudad?

   Las estrellas de los Yankees Jorge Posada y Alfonso Soriano, los artistas Jennifer López y Marc Anthony, El Museo del Barrio y el Nuyorican Poets Café.

3. ¿Cuál es el principal problema de los hispanos de Nueva York, según el artículo?

   No tienen una presencia muy fuerte ni en la política ni en los negocios.

4. Haga una investigación. ¿Cuál es el apellido más repetido en la guía telefónica de su ciudad? ¿Cuál es el apellido hispano que se repite más? Compare los resultados con lo que dice el artículo.

   No se dan respuestas.

5. ¿Hay una comunidad hispana en su ciudad? Si es así, mencione algunas de sus figuras, grupos o instituciones.

   No se dan respuestas.

27. ¿Qué hago?
Un amigo no puede tomar decisiones y le pide consejos. Cree diálogos según las indicaciones.

MODELO   ponerse la chaqueta azul
   A: ¿Me pongo la chaqueta azul?
   B: Sí, ponte la chaqueta azul.

1. cortarse las uñas

   ¿Me corto las uñas? / Sí, córtate las uñas.

2. secarse el pelo

   ¿Me seco el pelo? / Sí, sécate el pelo.

3. lavarse las manos

   ¿Me lavo las manos? / Sí, lávate las manos.

4. acostarse temprano

   ¿Me acuesto temprano? / Sí, acuéstate temprano.

5. cepillarse los dientes

   ¿Me cepillo los dientes? / Sí, cepíllate los dientes.

6. probarse los zapatos nuevos

   ¿Me pruebo los zapatos nuevos? / Sí, pruébate los zapatos nuevos.

7. quitarse los calcetines

   ¿Me quito los calcetines? / Sí, quítate los calcetines.

8. irse ahora

   ¿Me voy ahora? / Sí, vete ahora.

Lectura personal

Ruta Quetzal: recuerdos de Santa Fe

Escucha.

Queridos mamá y papá,

¡Estoy en el Viejo Oeste! El primer destino de la Ruta Quetzal en Estados Unidos fue un rancho cercano a la ciudad de Santa Fe. Aquí todavía es posible conocer de cerca el modo de vida de los ranchos españoles del siglo XVII.

Este rancho fue restaurado en 1971. Ahora es un museo abierto al público. Parece un lugar sacado de las películas del Oeste. Hay una herrería, una iglesia, un jardín y un antiguo cementerio indígena. Todos los edificios están construidos alrededor de una plaza central.

Un hombre vestido como un cazador de búfalos del siglo XVII nos explicó cómo se curtían las pieles de los búfalos para hacer ropa, cinturones y otras cosas. También nos enseñaron cómo se hacen los cestos y cómo se prepara el pan en un horno de barro. Lo mejor es que nos dejaron cocinar unas galletas hechas con mantequilla, huevos y azúcar, ¡Son las galletas más deliciosas que comí en mi vida!

Hoy fue un día maravilloso. Me parece que tomé la máquina del tiempo y me fui al siglo XVII. ¡Estoy encantada!

Besos, Mariana

33. ¿Qué recuerda Ud.?

1. ¿Cuál fue el primer destino de Mariana en Estados Unidos?

   Un rancho que está cerca de la ciudad de Santa Fe.

2. ¿Qué pudo conocer Mariana en el rancho? ¿Qué es el rancho hoy en día?

   Conoció de cerca el estilo de vida en los ranchos españoles de la región en el siglo XVII. El rancho es hoy un museo.

3. ¿Qué edificios hay en el rancho?

   Hay una herrería, una iglesia, una huerta y un antiguo cementerio indígena, todos construidos alrededor de una plaza central.

4. ¿Qué fue lo mejor para Mariana? ¿Por qué?

   El horno de barro, porque pudo hacer ella misma unas galletas.

5. ¿Con qué compara Mariana su visita al rancho?

   Con un viaje en la máquina del tiempo y con una película del Oeste.

34. Algo personal

No se dan respuestas.

1. ¿Visitó alguna vez un rancho o una finca? Describa su experiencia.

   Answers will vary.

2. ¿Conoce algún museo o lugar donde se puede aprender cómo era la vida en otros siglos?

3. Imagine que viaja por la Ruta Quetzal. ¿A qué lugar quiere ir? ¿Por qué?

Éste es el fin de la Lección B del Capítulo 2.

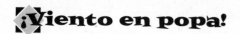

Ud. lee

¿No oyes ladrar los perros?

Escucha.

—Tú que vas allá arriba, Ignacio, dime si no oyes alguna señal de algo o si ves alguna luz en alguna parte.

—No se ve nada.

—Ya debemos estar cerca.

—Sí, pero no se oye nada.

—Mira bien.

—No se ve nada.

—Pobre de ti, Ignacio.

La sombra larga y negra de los hombres siguió moviéndose de arriba abajo, trepándose a las piedras, disminuyendo y creciendo según avanzaba por la orilla del arroyo. Era una sola sombra, tambaleante.

La luna venía saliendo de la tierra, como una llamarada redonda.

—Ya debemos estar llegando a ese pueblo, Ignacio. Tú que llevas las orejas de fuera, fíjate a ver si no oyes ladrar los perros. Acuérdate que nos dijeron que Tonaya estaba detrasito del monte. Y desde qué horas que hemos dejado el monte. Acuérdate, Ignacio.

—Sí, pero no veo rastro de nada.

—Me estoy cansando.

—Bájame.

El viejo se fue reculando hasta encontrarse con el paredón y se recargó allí, sin soltar la carga de sus hombros. Aunque se le doblaban las piernas, no quería sentarse, porque después no hubiera podido levantar el cuerpo de su hijo, al que allá atrás, horas antes, le habían ayudado a echárselo a la espalda. Y así lo había traído desde entonces.

—¿Cómo te sientes?

—Mal.

Hablaba poco. Cada vez menos. En ratos parecía dormir. En ratos parecía tener frío. Temblaba. Sabía cuándo le agarraba a su hijo el temblor por las sacudidas que le daba, y porque los pies se le encajaban en los ijares como espuelas. Luego las manos del hijo, que traía trabadas en su pescuezo, le zarandeaban la cabeza como si fuera una sonaja. Él apretaba los dientes para no morderse la lengua y cuando acababa aquello le preguntaba:

—¿Te duele mucho?

—Algo — contestaba él.

Primero le había dicho: "Apéame aquí... Déjame aquí... Vete tú solo. Yo te alcanzaré mañana o en cuanto me reponga un poco". Se lo había dicho como cincuenta veces. Ahora ni siquiera eso decía. Allí estaba la luna. Enfrente de ellos. Una luna grande y colorada que les llenaba de luz los ojos y que estiraba y oscurecía más su sombra sobre la tierra.

—No veo ya por dónde voy —decía él. Pero nadie le contestaba. El otro iba allá arriba, todo iluminado por la luna, con su cara descolorida, sin sangre, reflejando una luz opaca. Y él acá abajo.

—¿Me oíste, Ignacio? Te digo que no veo bien. Y el otro se quedaba callado.

—Siguió caminando, a tropezones. Encogía el cuerpo y luego se enderezaba para volver a tropezar de nuevo.

—Éste no es ningún camino. Nos dijeron que detrás del cerro estaba Tonaya. Ya hemos pasado el cerro. Y Tonaya no se ve, ni se oye ningún ruido que nos diga que está cerca. ¿Por qué no quieres decirme qué ves, tú que vas allá arriba, Ignacio?

—Bájame, padre.

—¿Te sientes mal?

—Sí.

—Te llevaré a Tonaya a como dé lugar. Allí encontraré quien te cuide. Dicen que allí hay un doctor. Yo te llevaré con él. Te he traído cargando desde hace horas y no te dejaré tirado aquí para que acaben contigo quienes sean.

Se tambaleó un poco. Dio dos o tres pasos de lado y volvió a enderezarse.

—Te llevaré a Tonaya.

—Bájame.

Su voz se hizo quedita, apenas murmurada:

—Quiero acostarme un rato.

—Duérmete allí arriba. Al cabo te llevo bien agarrado.

La luna iba subiendo, casi azul, sobre un cielo claro. La cara del viejo, mojada en sudor, se llenó de luz. Escondió los ojos para no mirar de frente, ya que no podía agachar la cabeza agarrotada entre las manos de su hijo.

—Todo esto que hago, no lo hago por usted. Lo hago por su difunta madre. Porque usted fue su hijo. Por eso lo hago. Ella me reconvendría si yo lo hubiera dejado tirado allí, donde lo encontré, y no lo hubiera recogido para llevarlo a que lo curen, como estoy haciéndolo. Es ella la que me da ánimos, no usted. Comenzando porque a usted no le debo más que puras dificultades, puras mortificaciones, puras vergüenzas.

Sudaba al hablar. Pero el viento de la noche le secaba el sudor. Y sobre el sudor seco, volvía a sudar.

—Me derrengaré, pero llegaré con usted a Tonaya, para que le alivien esas heridas que le han hecho. Y estoy seguro de que, en cuanto se sienta usted bien, volverá a sus malos pasos. Eso ya no me importa. Con tal que se vaya lejos, donde yo no vuelva a saber de usted. Con tal de eso... Porque para mí usted ya no es mi hijo. He maldecido la sangre que usted tiene de mí. La parte que a mí me tocaba la he maldecido. He dicho: "¡Que se le pudra en los riñones la sangre que yo le di!". Lo dije desde que supe que usted andaba trajinando por los caminos, viviendo del robo y matando gente... Y gente buena. Y si no, allí está mi compadre Tranquilino. El que lo bautizó a usted. El que le dio su nombre. A él también le tocó la mala suerte de encontrarse con usted. Desde entonces dije: "Ése no puede ser mi hijo".

—Mira a ver si ya ves algo. O si oyes algo. Tú que puedes hacerlo desde allá arriba, porque yo me siento sordo.

—No veo nada.

—Peor para ti, Ignacio.

—Tengo sed.

—¡Aguántate! Ya debemos estar cerca. Lo que pasa es que ya es muy noche y han de haber apagado la luz en el pueblo. Pero al menos debías de oír si ladran los perros. Haz por oír.

—Dame agua.

—Aquí no hay agua. No hay más que piedras. Aguántate. Y aunque la hubiera, no te bajaría a tomar agua. Nadie me ayudaría a subirte otra vez y yo solo no puedo.

—Tengo mucha sed y mucho sueño.

—Me acuerdo cuando naciste. Así eras entonces. Despertabas con hambre y comías para volver a dormirte. Y tu madre te daba agua, porque ya te habías acabado la leche de ella. No tenías llenadero. Y eras muy rabioso. Nunca pensé que con el tiempo se te fuera a subir aquella rabia a la cabeza... Pero así fue. Tu madre, que descanse en paz, quería que te criaras fuerte. Creía que cuando tú crecieras irías a ser su sostén. No te tuvo más que a ti. El otro hijo que iba a tener la mató. Y tú la hubieras matado otra vez si ella estuviera viva a estas alturas.

—Sintió que el hombre aquel que llevaba sobre sus hombros dejó de apretar las rodillas y comenzó a soltar los pies, balanceándolos de un lado para otro. Y le pareció que la cabeza, allá arriba, se sacudía como si sollozara. Sobre su cabello sintió que caían gruesas gotas, como de lágrimas.

—¿Lloras, Ignacio? Lo hace llorar a usted el recuerdo de su madre, ¿verdad? Pero nunca hizo usted nada por ella. Nos pagó siempre mal. Parece que en lugar de cariño, le hubiéramos retacado el cuerpo de maldad. ¿Y ya ve? Ahora lo han herido. ¿Qué pasó con sus amigos? Los mataron a todos. Pero ellos no tenían a nadie. Ellos bien hubieran podido decir: "No tenemos a quién darle nuestra lástima". ¿Pero usted, Ignacio?

Allí estaba ya el pueblo. Vio brillar los tejados bajo la luz de la luna. Tuvo la impresión de que lo aplastaba el peso de su hijo al sentir que las corvas se le doblaban en el último esfuerzo. Al llegar al primer tejaván, se recostó sobre el pretil de la acera y soltó el cuerpo, flojo, como si lo hubieran descoyuntado. Destrabó difícilmente los dedos con que su hijo había venido sosteniéndose de su cuello y, al quedar libre, oyó cómo por todas partes ladraban los perros.

—¿Y tú no los oías, Ignacio? —dijo—. No me ayudaste ni siquiera con esta esperanza.

A. ¿Qué recuerda Ud.?

1. ¿Por qué el viejo lleva a su hijo cargado en la espalda?	El hijo está herido.
2. ¿Qué ayuda espera el viejo encontrar en Tonaya?	El viejo espera conseguir la ayuda de un doctor.
3. ¿Por qué el viejo no quiere bajar a su hijo hasta llegar al pueblo?	El viejo no quiere bajar a su hijo por miedo a no poder volver a levantarlo después.
4. ¿Qué cosas malas hizo el hijo?	El hijo ha vivido una vida muy mala, robando y matando.
5. ¿Por qué los dos hombres quieren oír ladrar los perros?	Los dos hombres saben que los ladridos de los perros anunciarán la proximidad del pueblo.
6. ¿Qué le pasó a la madre, según lo que cuenta el viejo?	La madre se murió cuando iba a tener otro niño.
7. ¿Qué le dice el viejo al hijo cuando éste le dice que quiere acostarse un rato?	Que se duerma allí arriba.

B. Algo personal

No se dan respuestas.

1. ¿Está de acuerdo con el comportamiento del viejo con respecto a su hijo?
2. ¿Qué haría Ud. en esa misma situación?¿Por qué?
3. ¿Cree que el viejo ayuda al hijo sólo por respeto a la memoria de la madre muerta? Explique su respuesta.
4. ¿Cree que todavía existe el mundo que describe la historia?
5. ¿Le gusta el estilo literario de Juan Rulfo? Explique por qué.

Answers will vary.

Trabalenguas

Escucha y repite.

No me mires que nos miran, nos miran que nos miramos, miremos que no nos miren y cuando no nos miren nos miraremos, porque si nos miramos descubrir pueden que nos amamos.

Éste es el fin de la sección ¡Viento en popa! del Capítulo 2.

Capítulo 3 ¿Qué pasa en el mundo?

 **Lección A**

Vocabulario I

¿Qué dicen los titulares?

Escucha.

— ¡No lo puedo creer! Los precios de los coches subieron otra vez.

— ¿Leíste ya la programación de televisión? Quiero averiguar a qué hora empieza la telenovela.

— El presidente estuvo en Madrid y dio un discurso sobre economía. El discurso tuvo lugar en la Universidad Complutense.

— La hija de la Sra. Sainz de Romanes y Valdivieso se casó con un hombre de negocios... Sucedió hace dos semanas...

— Necesito ver la sección de ocio. La semana pasada hice un crucigrama y hoy están las respuestas.

1. **¿Qué sección del periódico?**

   ¿En qué secciones aparecieron estas noticias? Indique la letra de la ilustración de la sección que corresponde a cada noticia que escucha.

1.	El periódico trae ahora una sección de crucigramas.	D
2.	El presidente dio un discurso sobre la educación.	E
3.	El concierto que oí anoche fue bastante aburrido.	F
4.	La economía del país mejoró en el último año.	A
5.	La hija del gobernador de Sevilla tuvo un hijo.	B
6.	Se vende bicicleta casi nueva.	C

Diálogo I

¿Qué paso?

Escucha.

JOSÉ:	¿Leíste la sección de deportes de hoy, Carlos?
CARLOS:	No, ¿qué sucedió?
JOSÉ:	Enrique, el mejor jugador de baloncesto del Barcelona, se fue del equipo.
CARLOS:	¿Estás seguro?
JOSÉ:	Sí, lo leí aquí... mira.
CARLOS:	No lo puedo creer. Pero, ¿por qué?
JOSÉ:	Se peleó con el presidente del equipo.
CARLOS:	¿Por qué?
JOSÉ:	El presidente dio un discurso que a Enrique no le gustó.
CARLOS:	¿Jugó Enrique el partido de anoche?
JOSÉ:	No, pero según la programación de televisión, va a jugar esta noche y van a dar el partido por TV1.
CARLOS:	¿Lo vemos?
JOSÉ:	Bueno.

3. **¿Qué recuerda Ud.?**

1.	¿Qué leyó José en la sección de deportes?	Leyó que Enrique, el mejor jugador de baloncesto del Barcelona, se fue del equipo.
2.	¿Por qué se fue el jugador del equipo?	Se peleó con el presidente del equipo.
3.	¿Sobre qué fue la pelea?	A Enrique no le gustó el discurso que dio el presidente.
4.	¿Qué dice la programación de televisión?	Dice que Enrique va a jugar esta noche.
5.	¿En qué canal van a dar el partido?	Van a dar el partido por TV1.

4. Algo personal

No se dan respuestas.

1. ¿Qué sección del periódico lee Ud. con más frecuencia? ¿Por qué?
2. ¿Lee Ud. el suplemento dominical? ¿Qué sección le gusta más?
3. ¿Leyó Ud. alguna noticia importante esta semana? ¿Sobre qué?
4. ¿Cómo se entera Ud. mejor de las noticias, por el periódico, por la radio, por la televisión o por la internet?

Answers will vary.

5. ¿En qué sección está?

Escuche las siguientes noticias correspondientes a cada foto y las secciones en que pueden aparecer. Escoja la letra de la sección correcta.

1. El presidente de la República dio un discurso sobre la economía del país.
   A. Espectáculos
   B. Política
   C. Ocio

   B

2. La boda de la Srta. María Luisa Solís y Valle con el Sr. Rubén Cáceres del Río tuvo lugar en la Iglesia del Carmen.
   A. Sociedad
   B. Finanzas
   C. Prensa

   A

3. Este año se esperan miles de turistas en la Costa del Sol.
   A. Crucigrama
   B. Política
   C. Ocio

   C

4. Los precios de los coches siguen subiendo.
   A. Finanzas
   B. Crucigrama
   C. Programación de televisión

   A

9. Los titulares de ayer
Cree oraciones usando el pretérito según las indicaciones.

> **MODELO** nosotros lo / leer en el periódico de ayer
> Nosotros lo leímos en el periódico de ayer.

1. ayer el gobernador / dormirse durante una reunión de prensa

   Ayer el gobernador se durmió durante una reunión de prensa.

2. el director del museo / dar un discurso sobre el arte de Velázquez

   El director del museo dió un discurso sobre el arte de Velázquez.

3. los obreros de la empresa Vidal / conseguir el aumento

   Los obreros de la empresa Vidal consiguieron el aumento.

4. los estudiantes del Instituto Cervantes / pedir más días de vacaciones

   Los estudiantes del Instituto Cervantes pidieron más días de vacaciones.

5. la reina Sofía / ir a un concierto en el Auditorio Nacional

   La reina Sofía fue a un concierto en el Auditorio Nacional.

6. dos mujeres y un niño / morir en un accidente de tráfico

   Dos mujeres y un niño murieron en un accidente de tráfico.

7. muchas personas /sentirse mal después de cenar en un restaurante del centro

   Muchas personas se sintieron mal después de cenar en un restaurante del centro.

8. la gente del barrio de Salamanca / ver con sorpresa llegar al presidente

   La gente del barrio de Salamanca vio con sorpresa llegar al presidente.

9. haber / un accidente terrible en la Gran Vía

   Hubo un accidente terrible en la Gran Vía.

15. Un paseo por Madrid
Ud. está de vacaciones en Madrid y quiere obtener más información sobre la parte antigua de la ciudad. Lea el siguiente artículo que un reportero escribió sobre sus experiencias en la ciudad y conteste las preguntas.

Un paseo por el antiguo Madrid

Comenzamos el paseo en la Plaza Mayor. Nos dijeron que hasta el siglo pasado, la Plaza Mayor fue escenario de muchos eventos públicos, como corridas de toros, ejecuciones y fiestas con bailes y teatro. Bajo sus arcadas vimos tiendas de paños, joyerías y pastelerías. Seguimos por la Calle Mayor hasta llegar a la Casa de la Villa, donde se encuentra el Ayuntamiento. Quisimos entrar allí pero no pudimos porque estaba cerrado. Continuamos por la Cava Baja, una calle donde hay muchos restaurantes con el sabor del viejo Madrid. Entramos en uno de ellos y nos trajeron unas tapas deliciosas. Estuvimos allí más de dos horas. El dueño del restaurante vino a saludarnos y luego nos sirvió unas natillas exquisitas de postre. Regresamos al hotel cansados pero felices. Fue una experiencia maravillosa.

1. ¿Dónde comenzaron el paseo?	Comenzaron el paseo en la Plaza Mayor.
2. ¿Qué les dijeron acerca de la Plaza Mayor?	Les dijeron que hasta el siglo pasado, la Plaza Mayor fue escenario de muchos eventos públicos.
3. ¿Qué vieron allí?	Vieron tiendas de paños, joyerías y pastelerías.
4. ¿Por dónde siguieron?	Siguieron por la Calle Mayor hasta llegar a la Casa de la Villa.
5. ¿Dónde quisieron entrar? ¿Pudieron hacerlo?	Quisieron entrar al Ayuntamiento pero no pudieron.
6. ¿Adónde fueron después?	Después, fueron a la Cava Baja.
7. ¿Qué les trajeron en el restaurante?	Les trajeron unas tapas deliciosas.
8. ¿Quién vino a saludarlos allí?	El dueño del restaurante vino a saludarlos.
9. ¿Qué les sirvieron de postre?	Les sirvieron de postre unas natillas exquisitas.
10. ¿Cómo se sintieron cuando regresaron al hotel?	Cuando regresaron al hotel, se sintieron cansados pero felices.
11. ¿Cómo fue la experiencia?	Fue una experiencia maravillosa.

Vocabulario II

Recuerdos de un festival de cine

Escucha.

— ¿Cuál es su opinión sobre el premio que recibió?
— Hace mucho tiempo que no recibía un premio. Lo acepté con mucho gusto.

— Al principio de mi carrera, iba a los festivales de cine. Veía muchos estrenos de películas.

la videocámara digital

- Los reporteros entrevistaban y grababan a los directores.
- En las sesiones fotográficas, los fotógrafos sacaban fotos de los artistas.
- Por supuesto, había muchas ruedas de prensa con los actores.
- Los actores agradecían a su público.
- Algunos reporteros escribían los reportajes en sus ordenadores.

17. **¿Qué sucedía en el festival?**

   Escuche las siguientes situaciones. Seleccione la letra de la foto que corresponde con lo que oye.

1.	Los reporteros asistían a las ruedas de prensa.	C
2.	Los actores aceptaban orgullosos los premios.	E
3.	Veíamos muchos estrenos de películas.	A
4.	Las sesiones fotográficas eran muy interesantes.	F
5.	Durante el reportaje, el director explicaba cuál era su opinión.	D
6.	Filmaban lo que sucedía en el festival con videocámaras digitales.	B

Diálogo II

La entrevista

Escucha.

JOSÉ:	¿Hace cuánto tiempo que trabaja como reportera?
REPORTERA:	Empecé a trabajar como reportera hace veinte años.
CARLOS:	¿Qué hacía al principio de su carrera?
REPORTERA:	Iba con otros reporteros a hacer entrevistas.
JOSÉ:	¿Cómo se hacían los reportajes antes?
REPORTERA:	Escribíamos las preguntas y respuestas en papel y sacábamos fotos.
JOSÉ:	¿Usaba el ordenador para escribir los artículos?
REPORTERA:	No, porque no había ordenadores.
JOSÉ:	¿Le gustaba ir a las ruedas de prensa?
REPORTERA:	Sí, pero prefería entrevistar yo sola.
CARLOS:	¿Era más difícil o más fácil entrevistar a gente famosa?
REPORTERA:	Era más fácil porque había menos reporteros.

19. ¿Qué recuerda Ud.?

1. ¿Hace cuánto tiempo que empezó a trabajar la reportera?

   Hace veinte años.

2. ¿Qué hacía la reportera al principio?

   Al principio, iba con otros reporteros a hacer entrevistas.

3. ¿Cómo se hacían los reportajes antes?

   Antes escribían las preguntas y respuestas en papel y sacaban fotos.

4. ¿Por qué no usaba la reportera el ordenador para escribir los artículos?

   Porque no había ordenadores.

5. ¿Por qué era más fácil antes entrevistar a personas famosas?

   Era más fácil entrevistar a personas famosas porque había menos reporteros.

20. Algo personal

No se dan respuestas.

1. ¿Fue Ud. alguna vez a un festival de cine? ¿Qué películas vio?

   Answers will vary.

2. ¿Qué piensa del trabajo de un reportero? ¿Le gustaría hacer ese trabajo?

3. ¿Qué usaba antes de los ordenadores para enviar mensajes a sus amigos?

4. ¿Cuáles eran sus actividades favoritas hace cinco años?

21. Reportaje a un director

Escuche la siguiente entrevista a un famoso director de cine de los años sesenta. Luego, conteste las preguntas. Puede tomar apuntes *(take notes)* mientras escucha.

REPORTERA:	¿Qué tipo de películas hacía al principio de su carrera?
DIRECTOR:	Hacía películas de misterio.
REPORTERA:	¿Le gustaba participar en los festivales de cine?
DIRECTOR:	Sí, me encantaba porque conocía a muchas personas interesantes.
REPORTERA:	¿Asistía a las ceremonias de entrega de premios?
DIRECTOR:	No siempre.
REPORTERA:	¿Iba a los estrenos de sus películas?
DIRECTOR:	Por supuesto.
REPORTERA:	¿Usaba videocámaras digitales para filmar?
DIRECTOR:	No, hace poco que existen las videocámaras digitales.

1. ¿Qué tipo de películas hacía al principio de su carrera?

   Hacía películas de misterio.

2. ¿Le gustaba participar en los festivales de cine?

   Sí.

3. ¿Asistía a las ceremonias de entrega de premios?

   No siempre.

4. ¿Iba a los estrenos de sus películas?

   Por supuesto.

5. ¿Por qué no usaba videocámaras digitales para grabar?

   Hace poco que existen las videocámaras digitales.

22. El Festival Internacional de Cine de San Sebastián

Conteste las siguientes preguntas.

1. ¿Por qué era famosa San Sebastián antes de tener su festival de cine?

   Era famosa por su hermosa playa de La Concha.

2. ¿Cuándo fue el primer Festival de Cine de San Sebastián? ¿Quiénes lo organizaron?

   El primer Festival de Cine de San Sebastián se realizó en 1953. Fue organizado por diez hombres de negocios.

3. ¿Por qué dice el artículo que "al año siguiente todo cambió"?

   Todo cambió cuando la Asociación Internacional de Productores de Films incluyó al festival de San Sebastián entre sus eventos oficiales.

4. ¿Por qué fue importante la actriz Gloria Swanson para el festival?

   Con la presencia de Gloria Swanson, Hollywood entró en el festival.

5. ¿A partir de qué evento se convirtió San Sebastián en uno de los festivales de cine más importantes del mundo?

   Cuando el director Alfred Hitchcock estrenó en San Sebastián su película *Vértigo,* el festival se convirtió en uno de los más importantes del mundo.

25. Vida de periodista

María Antonia trabajaba de periodista para _La Vanguardia_, un periódico de Barcelona. Escriba lo que ella y sus colegas hacían usando el imperfecto.

1. María Antonia / entrevistar a mucha gente conocida

   María Antonia entrevistaba a mucha gente conocida.

2. ella y los otros reporteros / compartir el trabajo con los fotógrafos

   Ella y los otros reporteros compartían el trabajo con los fotógrafos.

3. los fotógrafos / ir a las ruedas de prensa

   Los fotógrafos iban a las ruedas de prensa.

4. ellos / sacar muchas fotos durante las sesiones fotográficas

   Ellos sacaban muchas fotos durante las sesiones fotográficas.

5. a veces / María Antonia / asistir a los estrenos de películas

   A veces María Antonia asistía a los estrenos de películas.

6. en el teatro / todos los reporteros / ver a artistas muy famosos

   En el teatro todos los reporteros veían a artistas muy famosos.

7. durante la ceremonia de entrega de premios / los artistas / agradecer al público

   Durante la ceremonia de entrega de premios, los artistas agradecían al público.

8. para María Antonia / los festivales de cine / ser una experiencia maravillosa

   Para María Antonia los festivales de cine eran una experiencia maravillosa.

28. ¿Cómo eras?

Conteste las siguientes preguntas sobre cómo era su vida a los doce años. Luego, use las mismas preguntas para entrevistar a un compañero. Si quiere, puede inventar más preguntas. No se dan respuestas.

1. ¿Cómo eras? ¿A quién te parecías?
2. ¿Dónde vivías? ¿Cómo era tu casa o apartamento?
3. ¿Tenías tu propio cuarto? ¿Qué había allí?
4. ¿A qué escuela ibas?
5. ¿Quién era tu mejor amigo o amiga? ¿Cómo era?
6. ¿Tenías un ordenador? ¿Lo sabías usar?
7. ¿Qué hacías para divertirte?
8. ¿Qué cosas te molestaban?
9. ¿Qué puedes hacer ahora que no podías hacer antes?

Answers will vary.

Lectura Cultural

Los jóvenes españoles y la lectura

Escucha.

Para conocer mejor los hábitos de lectura de los jóvenes españoles, el Centro de Investigación y Documentación Educativa (CIDE) hizo una encuesta a 3.581 estudiantes de secundaria entre 15 y 16 años de edad. Según la encuesta, el 36% de los jóvenes lee algún libro en su tiempo libre más de una vez a la semana. El 38% lee un libro más de una vez cada tres meses; y el 26% no lee un libro nunca o casi nunca.

Según la encuesta, el 44% de los jóvenes lee más ahora que hace dos años; el 29% lee lo mismo y el 27% lee menos que hace dos años. Es decir, en general, leen más ahora que cuando eran más jóvenes.

La encuesta tuvo muchos resultados interesantes. Por ejemplo, los hijos de padres con educación universitaria leen más que los hijos de padres con un nivel de educación inferior. Se encontró también que las muchachas españolas leen mucho más que los muchachos. Y mientras muchachos prefieren los libros de aventuras y humor, a las muchachas les gustan más los libros de horror o románticos.

Pero quizás el resultado más importante de la encuesta es que, en general, los jóvenes que más leen tienen mejores resultados en sus estudios. Eso no es una sorpresa, ¿verdad?

31. ¿Qué recuerda Ud.?

1. ¿Por qué el CIDE hizo esta encuesta? — Para conocer mejor los hábitos de lectura de los jóvenes españoles.
2. ¿Qué porcentaje de los jóvenes españoles no lee nunca o casi nunca? — El 26%.
3. ¿Los jóvenes de la encuesta leen más o menos que hace dos años? — Leen más ahora que hace dos años.
4. ¿Qué relación hay entre el nivel de educación de los padres y los hábitos de lectura de los hijos? — Los hijos de padres con educación universitaria leen más que los hijos de personas con menos educación.
5. ¿Quiénes leen más, los muchachos o las muchachas españolas? — Las muchachas leen mucho más que los muchachos.
6. ¿Cuál fue el resultado más importante de la encuesta? — Los jóvenes que más leen tienen mejores resultados en sus estudios.

32. Algo personal

No se dan respuestas.

1. ¿Qué opina de los resultados de la encuesta? — Answers will vary.
2. ¿Por qué cree que el 26% de los encuestados no lee nunca o casi nunca?

Este es el fin de la Lección A del Capítulo 3.

Vocabulario I

Las noticias

Escucha.

— Anunciaron que una bomba explotó en un edificio de Madrid. Eran las cuatro de la mañana cuando sucedió la explosión. No hubo víctimias.

— Hoy terminó el juicio del abogado Luis Torrijo Molina. El acusado del crimen se declaraba inocente, pero el jurado lo encontró culpable. El acusado sigue en la cárcel y espera su sentencia.

— La tormenta causó una terrible inundación en un barrio de Barcelona. La policía y los bomberos lograron salvar a todos los vecinos.

— Dos ladrones asaltaron un banco de Santander y mataron a un cajero. La policía los arrestó cuando trataban de escaparse.

1. **El Noticiero**
    Escuche las siguientes noticias y diga la letra de la foto a la que se refiere cada una.

    1. La víctima del crimen declaró lo que pasó a la policía.   E
    2. La gente ayudaba a las víctimas de la inundación.   F
    3. La policía arrestó a un ladrón cuando intentaba entrar a una casa.   A
    4. La fuerte tormenta destruyó muchos árboles.   D
    5. La explosión causó un incendio en una casa del barrio Las Reinas.   B
    6. El jurado declaró inocente al acusado.   C

Diálogo I

¿Qué sucedió?

Escucha.

PEDRO: ¿Viste el juicio de Diego Pérez Díaz por la televisión?
SILVIA: No, ¿qué sucedió?
PEDRO: Lo declararon inocente.
SILVIA: ¡No lo puedo creer!
PEDRO: Yo tampoco lo podía creer cuando me enteré.

PEDRO: La gente no estaba de acuerdo con el jurado. Todos creían que él era culpable.
SILVIA: Por supuesto... Pero, ¿por qué lo declararon inocente?
PEDRO: Nadie lo vio en el lugar del crimen.

SILVIA:	Pero si estaba claro que él robó el banco y mató a dos personas.
PEDRO:	Sí, pero el jurado no estaba de acuerdo.
SILVIA:	Estoy segura que él se merecía ir a la cárcel.
PEDRO:	Yo también.

3. ¿Qué recuerda Ud.?

1. ¿De qué estaban hablando Pedro y Silvia?

   Pedro y Silvia estaban hablando del juicio de Diego Pérez Díaz.

2. ¿Cómo declararon a Diego Pérez Díaz?

   Lo declararon inocente.

3. ¿Cómo estaba la gente con la noticia? ¿Por qué?

   La gente no estaba de acuerdo con la noticia. Todos creían que él era culpable.

4. ¿Por qué lo declararon inocente?

   Nadie vio a Diego Pérez Díaz en el lugar del crimen.

5. ¿Qué estaba claro acerca de Diego Pérez Díaz, según Silvia?

   Estaba claro que él robó el banco y mató a dos personas.

4. Algo personal
No se dan respuestas.

1. ¿Qué tipo de noticias prefiere ver Ud. por la televisión?

   Answers will vary.

2. Describa un juicio que vio por televisión. ¿Quién era el acusado? ¿Cuál era el crimen? ¿Cómo declararon al acusado?

3. ¿Cómo reacciona Ud. cuando se entera de un acto violento como la explosión de una bomba o el asalto de un banco?

5. ¿Qué ocurrió hoy?
Escuche los comentarios de las siguientes personas sobre las noticias del día. Escoja la letra de la noticia a la que se refiere cada uno.

1.	El agua cubría los coches que estaban en las calles.	C
2.	El jurado leyó la sentencia y declaró a la acusada "inocente".	A
3.	Después de la explosión, la fábrica se llenó de fuego y humo.	A
4.	Su compañero de trabajo lo mató mientras todos estaban en una reunión.	A
5.	La lluvia y el viento eran cada vez más fuertes.	B
6.	Los ladrones asaltaron tres bancos en el mismo día.	C

6. Almería y el cine
Conteste las siguientes preguntas.

1. ¿Cuál fue la primera película importante que se hizo en Almería? ¿En qué año se filmó?

   La llamada de África, en 1951.

2. ¿Qué características de Almería eran buenas para filmar películas?

   El clima y la variedad de paisajes eran ideales para filmar películas; siempre tenía un paisaje perfecto para cada escena.

3. ¿Cuál fue la época de oro de Almería?

   Los años sesenta.

4. ¿Qué actores famosos filmaron películas allí?

   Charles Bronson, Brigitte Bardot, Sean Connery, Clint Eastwood, Burt Reynolds y Raquel Welch.

5. ¿Cuándo terminó la época de oro del cine en Almería? ¿Por qué?

   En la década de los 70; porque la filmación de películas disminuyó.

6. ¿Qué es hoy Almería?

   Es un centro del cine independiente de España.

7. ¿Por qué lo hicieron?
Diga por qué estas personas hicieron lo siguiente. Use el pretérito y el imperfecto.

MODELO la reportera / quitarse la chaqueta / tener calor
La reportera se quitó la chaqueta porque tenía calor.

1. tres ladrones / asaltar un banco / necesitar dinero

   Tres ladrones asaltaron un banco porque necesitaban dinero.

2. dos osos / robar comida de un camping / tener hambre

   Dos osos robaron comida de un camping porque tenían hambre.

3. el presidente / despedirse de todos / ya ser las doce

   El presidente se despidió de todos porque ya eran las doce.

4. dos niños / esconderse en el ático / tener miedo de la tormenta

   Dos niños se escondieron en el ático porque tenían miedo de la tormenta.

5. la acusada / ir a la cárcel / ser culpable

   La acusada fue a la cárcel porque era culpable.

6. la policía / arrestar a los estudiantes / hacer mucho ruido

   La policía arrestó a los estudiantes porque hacían mucho ruido.

11. Recuerdos de un actor

Este artículo apareció en la revista del periódico *El Mundo* de Madrid. Relata los recuerdos de un actor madrileño cuando era niño. Después de leer el artículo, conteste las preguntas que siguen.

Ése es mi barrio, cerca de la Casa de Campo. Como todos los madrileños, y españoles, practicaba el fútbol y el campo era uno de los puntos sociales donde se reunía la gente para divertirse y celebrar competiciones. Mis hermanas, como eran monas, eras las elegidas para dar los premios. Nunca me llevé una de esas copas, era el portero de reserva, siempre esperando mi oportunidad. Como me aburría, me cambié después a jugador, pero no era muy bueno. Entonces decidí ser actor. En mi zona había mucha gente de origen andaluz y se escuchaba flamenco en todos los bares. Pasábamos todo el día en la calle jugando. En esa época no había ordenadores.

1.	¿Dónde vivía el chico?	Vivía cerca de la Casa de Campo.
2.	¿Qué deporte practicaba?	Practicaba el fútbol.
3.	¿Cómo eran las hermanas del chico?	Las hermanas eran monas.
4.	¿Para qué las elegían?	Las elegían para dar los premios.
5.	¿Le gustaba al chico ser portero? ¿Cómo lo sabe?	No le gustaba porque se aburría.
6.	¿Cómo jugaba?	No jugaba bien.
7.	¿Qué decidió ser entonces?	Decidió ser actor.
8.	¿Por qué se escuchaba flamenco en los bares?	Se escuchaba flamenco porque había mucha gente de origen andaluz.
9.	¿Cómo pasaban el día los chicos?	Los chicos pasaban el día jugando en la calle.
10.	¿Qué es lo que no había en esa época?	No había ordenadores.

15. Quise pero no pude

Conteste las siguientes preguntas. No se dan respuestas.

1. ¿Conoció a alguien famoso alguna vez? Si es así, ¿a quién conoció?
2. ¿Conocía Ud. ya a muchos de sus compañeros cuando empezó esta clase? Si es así, a quién(es) conocía Ud.?
3. ¿Quiso Ud. hacer algo alguna vez pero no pudo? ¿Qué fue?
4. ¿Hay algo que Ud. nunca pudo hacer bien? ¿Por qué no podía hacerlo?
5. Piense en un momento en que se enteró de una noticia muy importante. ¿Cómo lo supo? ¿Quién más lo sabía?

Answers will vary.

Vocabulario II

Un accidente en la carretera

Escucha.

— ¡Socorro!

— ¿Qué puede mencionar de lo que vio?
— ¡Fue terrible! Pero no me extraña, ya que había muy poca visibilidad cuando el coche chocó contra la camioneta.

— El accidente fue muy violento pero por suerte no hubo heridos graves.

primeros auxilios

- Los paramédicos ya habían llegado cuando la señora se desmayó. Su esposo, que la había rescatado, estaba muy preocupado.
- Los paramédicos habían rodeado al conductor porque estaba herido.

17. **¿Qué había sucedido?**

Escuche las entrevistas a los testigos de diferentes accidentes. Seleccione la foto que corresponde con lo que oye.

1. REPORTERO: ¿Qué había sucedido en la carretera?   B
   TESTIGO: Una camioneta había chocado contra un carro.

2. REPORTERO: ¿Qué había sucedido con la muchacha?   D
   TESTIGO: Se había desmayado en la calle cuando vio la explosión.

3. REPORTERO: ¿Qué había sucedido con el gatito?   A
   TESTIGO: Los bomberos lo habían rescatado de un árbol.

4. REPORTERO: ¿Qué había sucedido con la víctima de la explosión?   E
   TESTIGO: Los paramédicos la habían salvado.

5. REPORTERO: ¿Qué había dicho el testigo?   F
   TESTIGO: Había mencionado lo que vio en el accidente.

6. REPORTERO: ¿Cómo había sido la visibilidad?   C
   TESTIGO: No había mucha visibilidad en la carretera.

Diálogo II

¿Qué había pasado?

Escucha.

PEDRO: ¿Qué le había pasado a Teresa?
SILVIA: Se había desmayado en la calle.
PEDRO: ¿Por qué?
SILVIA: Ese día ya se había sentido enferma cuando salió de su casa.

PEDRO: ¿Quién la había rescatado?
SILVIA: Una persona que caminaba por la calle ya la había ayudado a sentarse cuando los paramédicos llegaron al lugar.

PEDRO: ¿Y qué sucedió luego?
SILVIA: Los paramédicos la llevaron en una ambulancia al hospital. Ella ya estaba bien pero tuvo que ir a ver a un doctor.

19. **¿Qué recuerda Ud.?**

1. ¿Qué le había pasado a Teresa? — Teresa se había desmayado en la calle.
2. ¿Cómo se había sentido ese día cuando salió de su casa? — Se había sentido enferma cuando salió de su casa.
3. ¿Qué había sucedido cuando llegaron los paramédicos? — Una persona ya la había ayudado a sentarse cuando llegaron los paramédicos.
4. ¿Adónde la llevaron los paramédicos? — La llevaron al hospital.

20. **Algo personal**
   No se dan respuestas.

1. ¿Fue Ud. testigo de un accidente alguna vez? ¿Qué pasó? — Answers will vary.
2. ¿Hubo heridos graves? ¿Quiénes vinieron para rescatar a los heridos?
3. ¿Se desmayó Ud. alguna vez? ¿Qué le pasó?

21. **¿Cuál había sido la situación?**

Indique la letra de la foto que corresponde con lo que oye.

1. —¿Qué le había sucedido a Enrique?   B
   No recuerdo por qué no vino a mi
   fiesta.
   —Había tenido un accidente de coche
   el día anterior. Había chocado contra
   una camioneta.

2. —¿Dónde se había desmayado Analía?   D
   —Se había desmayado en el salón de
   clases.

3. —Cuando tu padre se enfermó,   A
   ¿habían llamado al médico?
   —Sí, habíamos llamado a los
   paramédicos, quienes lo llevaron
   enseguida en ambulancia al hospital.

4. —¿Los bomberos habían podido   C
   rescatar a todas las personas después
   de la explosión?
   —Sí, habían podido salvarlas a todas.

22. **Sevilla ayer y hoy**

Conteste las siguientes preguntas.

1. ¿Cómo llamaban los romanos a   La llamaban "Hispalis". Fue parte del
   Sevilla? ¿Cuántos siglos fue la ciudad   reino musulmán por 800 años.
   parte del reino musulmán?

2. ¿Cuál es el símbolo más conocido de   La Giralda.
   Sevilla?

3. ¿Cuándo comienza la época de mayor   Comienza en 1492, con la llegada de los
   esplendor de Sevilla? ¿Por qué?   españoles a América.

4. ¿Qué es la Feria de Abril?   Es una feria donde la gente baila y canta
                                                    toda la noche.

5. ¿Qué evento le dio a Sevilla fama   La Exposición Universal de 1992 le dio a
   internacional?   Sevilla fama internacional.

6. ¿Está de acuerdo con que "pocas   Answers will vary.
   ciudades del mundo tienen una
   historia tan rica como Sevilla"?
   Explique por qué.

28. ¿Qué es lo que le gusta?

Conteste las siguientes preguntas. No se dan respuestas.

1. De las noticias que vio Ud. ayer en la televisión, ¿cuál fue la que más le interesó? ¿Por qué?
2. De todos los libros que Ud. leyó este año, ¿cuáles son los que le gustaron más? ¿Cuáles son los que le gustaría leer otra vez? ¿Por qué? ¿Quién es el autor o la autora que más le gusta?
3. ¿Le importa mucho a Ud. lo que dicen en los noticieros? Explique por qué.
4. ¿Le interesan los festivales de cine? Si es así, ¿qué es lo que más le interesa? ¿Por qué?

Answers will vary.

Lectura personal

Toledo: un encuentro de culturas

Escucha.

Queridos mamá y papá,

Hoy fue un día muy especial. Fuimos a Toledo. Toledo es una ciudad medieval, con calles estrechas y sinuosas. Está construida sobre una colina junto al río y protegida por una muralla. Algunos la llaman "la ciudad de la tolerancia", pues durante la Edad Media, cristianos, judíos y musulmanes vivieron en la ciudad en paz. Esa mezcla de culturas todavía puede verse hoy en los edificios y las calles de la ciudad. En la ciudad visitamos la iglesia de Santa María la Blanca, que fue una sinagoga judía en la Edad Media; el monasterio de San Juan de los Reyes, que es un gran edificio gótico construido por la reina Isabel la Católica; y la iglesia del Cristo de la Luz, que era una mezquita construida por los musulmanes en la Edad Media y que después fue convertida en una iglesia católica por los cristianos. Caminar por las calles de Toledo es pasear entre culturas. Por eso, este día fue inolvidable.
Cariños,

Mariana

29. ¿Qué recuerda Ud.?

1. ¿Cómo describe Mariana la ciudad de Toledo?

Una ciudad medieval, con calles estrechas y sinuosas, construida sobre una colina junto al río y protegida por una muralla.

2. ¿Qué lugares visitó Mariana en esa ciudad?

La iglesia de Santa María la Blanca, el monasterio de San Juan de los Reyes y la iglesia del Cristo de la Luz.

3. ¿Por qué a Toledo la llaman "la ciudad de la tolerancia"?

La llaman así porque durante la Edad Media, cristianos, judíos y musulmanes vivieron en paz en Toledo.

4. ¿Qué quiere decir Mariana cuando escribe que "caminar por Toledo es pasear entre culturas"?

Answers will vary.

30. Algo personal
No se dan respuestas.

1. ¿Visitó alguna vez una ciudad en que se pueda ver la influencia de otras culturas? Describa su experiencia.

Answers will vary.

2. ¿Hay algún lugar en su ciudad donde pueda aprender sobre distintas culturas?
3. Imagine que va a Toledo, ¿qué lugar le gustaría visitar? ¿Por qué?

Éste es el fin de la Lección B del Capítulo 3.

¡Viento en popa!

Ud. lee

De la segunda salida de don Quijote

Escucha.

Quince días estuvo don Quijote en casa muy sosegado. Sin embargo, en este tiempo solicitó a un labrador vecino suyo, hombre de bien, pero poco inteligente, que le sirviese de escudero. Tanto le dijo, tanto le prometió, que el pobre determinó seguirle.

Decíale, entre otras cosas, don Quijote, que se dispusiese a ir con él de buena gana, porque tal vez le podía suceder alguna aventura en que ganase alguna ínsula y le dejase a él por gobernador de ella. Con estas promesas y otras tales, Sancho Panza, que así se llamaba el labrador, dejó a su mujer y a sus hijos y se fue como escudero de su vecino.

Iba Sancho Panza sobre su asno con sus alforjas y su bota, con mucho deseo de verse gobernador de la ínsula que su amo le había prometido. Acertó don Quijote a tomar el mismo camino que había tomado en su primer viaje, por el campo de Montiel, y caminaba con menos pena que la vez pasada porque, por ser la hora de la mañana, los rayos del sol no le fatigaban.

—Has de saber, amigo Sancho Panza, que fue costumbre muy usada de los caballeros andantes antiguos hacer gobernadores a sus escuderos de las ínsulas o reinos que ganaban, y yo tengo determinado de que por mí no falte tan agradecida costumbre; antes pienso llevar ventaja en ella: porque ellos, algunas veces, esperaban a que sus escuderos fuesen viejos para darles algún título de conde de algún valle; pero, si tú vives y yo vivo, bien podría ser que antes de seis días ganase yo tal reino, que tuviese otros a él unidos, para coronarte rey de uno de ellos.

En esto, descubrieron treinta o cuarenta molinos de viento que hay en aquel campo, y así como don Quijote los vio, dijo a su escudero:

—La suerte va guiando nuestras cosas mejor de lo que acertáramos a desear; porque ves allí, amigo Sancho Panza, donde se descubren treinta, o pocos más, gigantes con quienes pienso hacer batalla y quitarles a todos las vidas, con cuyos despojos comenzaremos a ser ricos; que ésta es buena guerra, y es gran servicio de Dios quitar tan mala gente de sobre la tierra.

—¿Qué gigantes? —dijo Sancho Panza.

—Aquellos que ves allí — respondió su amo— de los brazos largos, que los suelen tener algunos de casi dos leguas.

—Mire vuestra merced —respondió Sancho— que aquéllos no son gigantes, sino molinos de viento, y lo que en ellos parecen brazos son las aspas, que movidas por el viento, hacen andar la piedra del molino.

—Bien parece —respondió don Quijote— que no estás ejercitado en esto de las aventuras: ellos son gigantes; y si tienes miedo, quítate de ahí, y ponte en oración mientras yo voy a entrar con ellos en terrible y desigual batalla.

Y diciendo esto, dio de espuelas a su caballo Rocinante, sin atender a las voces que su escudero Sancho le daba, advirtiéndole que, sin duda alguna, eran molinos de viento, y no gigantes, aquellos que iba a acometer. Pero él iba convencido de que eran gigantes que ni oía las voces:

—No huyáis, cobardes y viles criaturas; que un solo caballero es el que os acomete.

Levantóse en esto un poco de viento, y las grandes aspas comenzaron a moverse; visto lo cual por don Quijote, dijo:

—Pues aunque mováis más brazos que los del gigante Briareo, me lo habéis de pagar.

Y diciendo esto, y encomendándose de todo corazón a su señora Dulcinea, pidiéndole que en tal aventura le socorriese, bien cubierto con su rodela, arremetió con la lanza a todo correr de Rocinante y se lanzó contra el primer molino que estaba delante, dándole una lanzada en el aspa. La volvió el viento con tanta fuerza que hizo la lanza pedazos, llevándose tras sí al caballo y al caballero, que fue rodando por el campo. Acudió Sancho Panza a socorrerle a todo el correr de su asno, y cuando llegó le halló que no se podía mover: tal fue el golpe que dio con él Rocinante.

—¡Válgame Dios! —dijo Sancho.

A. ¿Qué recuerda Ud.?

1. ¿Quién es Sancho Panza?

2. ¿Qué le promete don Quijote a Sancho Panza?

3. ¿En qué va montado Sancho Panza?
4. ¿Qué son en realidad los gigantes que ve don Quijote?
5. ¿Qué piensa don Quijote que son las aspas de los molinos?
6. ¿Qué hace don Quijote con el primer molino?

Sancho Panza es un vecino de don Quijote.
Don Quijote le promete ser gobernador de una ínsula.
Sancho Panza va montado en un asno.
Los gigantes que ve don Quijote son molinos de viento.
Don Quijote piensa que son los brazos de los gigantes.
Se lanza contra él.

B. Algo personal
No se dan respuestas.

1. ¿Por qué cree Ud. que don Quijote vio enemigos donde no los había?
2. ¿Conoce Ud. a alguna persona con muchos ideales? ¿Le trae problemas a esa persona tener esos ideales? Dé un ejemplo.
3. ¿A Ud. le gustaría corregir algunos de los problemas de la sociedad? ¿Cuáles? ¿Cree que es fácil corregirlos?

Answers will vary.

Trabalenguas

Escucha y repite.

En un juncal de Junqueira, juncos juntaba Julián. Juntóse Juan a juntarlos y juntos juncos juntaron.

Éste es el fin de la sección ¡Viento en popa! del Capítulo 3.

Capítulo 4 Entre amigos

Lección A

Vocabulario I

La amistad

Escucha.

— ¡Eres increíble!
— No confío en los chicos que me hacen cumplidos.

— Gracias por encontrar my billetera. Eres muy honesto.

— María es muy chismosa. Chismea con todo el mundo.
— Sí, y también es entrometida. Le gusta enterarse de todo.

— ¿Te reconciliaste con María?
— No, no puedo perdonarla. Le conté un secreto y ella se lo contó a todos. No se puede contar con ella.

— ¿Por qué eres tan celosa? No debes tener celos de Laura. Es sólo una amiga.
— No sé si puedo creerte.
— Laura y tu novio no tienen nada en común. ¿No te das cuenta de que él te quiere a ti?

— Marcos, debes pensar en ti mismo y olvidar a Julieta.
— Eres tan considerada, Elena... Gracias por apoyarme.

1. **¡Qué entrometido!**
   Indique la letra de la ilustración que corresponde con lo que oye.

   1. No puedo confiar en Sara. Siempre le cuenta los secretos a sus amigas.   F
   2. Se reconciliaron una semana después de la pelea.   D
   3. Daniel tiene celos de su amigo Ricardo.   B
   4. Pablo y Enrique tienen mucho en común. A los dos les gustan los deportes.   A
   5. Roberto es muy honesto.   C
   6. Carlos es muy entrometido. Siempre quiere enterarse de lo que hablan los otros.   E

Diálogo I

Te voy a contar un secreto

Escucha.

DIEGO: Te voy a contar un secreto pero no puedes decírselo a nadie.
RITA: ¿Qué es?
DIEGO: Miguel y Laura se reconciliaron.
RITA: ¿Estás seguro?

DIEGO: Sí, Laura lo perdonó. Por fin se dio cuenta de que Miguel es un chico sincero y honesto.
RITA: Sí, pero el problema de Laura es que es muy celosa y no confía en ningún chico.

DIEGO: Laura tiene que ser más considerada y aceptar a las amigas de Miguel.
RITA: Sí, pero Miguel no debe pensar tanto en sí mismo y comprenderla. No es fácil para ella. ¡Miguel tiene demasiadas amigas!

3. ¿Qué recuerda Ud.?

1. ¿Cuál es el secreto que le cuenta Diego a Rita?

   Miguel y Laura se reconciliaron.

2. ¿De qué se dio cuenta Laura, según Diego?

   Se dio cuenta de que Miguel es un chico sincero y honesto.

3. ¿Cuál es el problema de Laura, según Rita?

   Su problema es que es muy celosa y no confía en ningún chico.

4. ¿Cómo tiene que ser Laura, según Diego?

   Tiene que ser más considerada y aceptar a las amigas de Miguel.

5. ¿Por qué no es fácil para Laura salir con Miguel?

   Porque Miguel tiene demasiadas amigas.

4. Algo personal

No se dan respuestas.

1. ¿Le contaron alguna vez un secreto que no podía decir a nadie?

   Answers will vary.

2. ¿Pudo guardar ese secreto?
3. ¿Piensa Ud. en las otras personas más que en Ud. mismo/a?
4. ¿Qué tiene en común con su mejor amigo/a?
5. ¿Cómo se describe a sí mismo/a?

5. **¿Cuál es su personalidad?**

   Escuche lo que dicen estas personas. Escoja la letra de la palabra que describe la personalidad de cada una.

   1. Tengo muchos celos de su amiga, no confío en ella.   B
   2. No te preocupes por el libro, me lo das después del examen.   A
   3. El cambio está mal. Me dio más dinero.   C
   4. ¿Escuchaste lo que le pasó a Eva con su novio?   A
   5. ¿De qué hablan? ¿Puedo opinar?   C
   6. Debes confiar en mí. Te digo la verdad.   A

6. **La cultura taína**

   Conteste las siguientes preguntas.

   1. ¿Cómo definió Colón la cultura taína?

      Los taínos eran un pueblo hospitalario, que hablaba un idioma agradable, "el más dulce del mundo".

   2. ¿Qué huellas de la cultura taína se encuentran hoy en Puerto Rico?

      Muchas palabras de la lengua de los taínos fueron adoptadas por el español.

   3. Diga algunas palabras taínas que han pasado al español.

      bohío, hamaca, guanábana, caimito, mamey...

   4. ¿Por qué hay tantas frutas del Caribe que tienen nombres taínos?

      Como los españoles no conocían esas frutas, les dieron el mismo nombre que usaban los taínos.

   5. ¿Qué árbol piensan algunas personas que es sagrado?

      la ceiba

   6. ¿Conoce usted algunas palabras taínas que son parte del idioma inglés? ¿Qué significan?

      Answers will vary.

9. Una nueva estudiante

Ha llegado una nueva estudiante a su colegio y Ud. está encargado de darle la información que necesita. Su compañero le pregunta para saber qué hizo.

MODELO   explicarle el horario de la biblioteca
A: ¿Le explicaste el horario de la biblioteca?
B: Sí, se lo expliqué. / No, no se lo expliqué.

1.	mostrarle el colegio	¿Le mostraste el colegio? Sí, se lo mostré. / No, no se lo mostré.
2.	presentarle al director	¿Le presentaste al director? Sí, se lo presenté. / No, no se lo presenté.
3.	llevarla al gimnasio	¿La llevaste al gimnasio? Sí, la llevé. / No, no la llevé.
4.	contestar sus preguntas	¿Le contestaste sus preguntas? Sí, las contesté. / No, no las contesté.
5.	darle los números de teléfono	¿Le diste los números de teléfono? Sí, se los di. / No, no se los di.
6.	enseñarle la sala de computadoras	¿Le enseñaste la sala de computadoras? Sí, se la enseñé. / No, no se la enseñé.
7.	indicarle el camino a la cafetería	¿Le indicaste el camino a la cafetería? Sí, se lo indiqué. / No, no se lo indiqué.

Vocabulario II

Ha sido un mal día

Escucha.

— He descubierto que Pablo sale con Analía
— ¡Qué raro! ¿Y él lo ha admitido?
— Es culpa tuya. Eres una chica demasiado buena.

— Discúlpame. Lo hice sin querer.
— ¡Qué va! Nunca miras por dónde caminas.

— Luisa siempre pierde la paciencia con Tomás. [In thought]

— Gracias por posponer la reunión para la semana próxima. Eres un chico muy comprensivo.
— ¡No faltaba más!

— ¡No fue mi culpa! ¿Por qué no le echas la culpa a Roberto? Él es el que tiene la culpa de esto.
— No quise acusarte a ti. Cometí un error pero... tú nunca me devuelves lo que te presto.

las lágrimas
la discusión

- Carla ha llorado todo el día. Ella vino sola porque su novio la dejó plantada.
- Marta desconfía de Enrique.

12. ¡Qué va!

Escuche las siguientes frases. Escoja la letra de la respuesta correcta.

1. Muchas gracias por posponer la fiesta por mí.   C
2. ¿Por qué rompiste la radio?   A
3. He descubierto que mi novia está saliendo con otro chico.   B
4. Estoy segura de que la pelea entre Tara y Sara fue tu culpa.   C
5. Discúlpame. Lo hice sin querer.   A
6. ¿Por qué me has dejado plantada?   B

Diálogo II

No ha sido mi culpa

Escucha.

DIEGO:	¿Por qué estás llorando, Rita?
RITA:	He descubierto que saliste con Clara el viernes pasado.
DIEGO:	¿Quién te ha dicho eso?
RITA:	Elena.
DIEGO:	Yo no salí con ella. Clara me llamó porque tenía un problema y quería hablar con alguien.
RITA:	Pero, ¿por qué no me lo contaste?
DIEGO:	Porque me olvidé. Discúlpame, pero no ha sido mi culpa.
RITA:	¡Qué va! Tú siempre cometes esos errores. Estoy perdiendo la paciencia contigo.
DIEGO:	Créeme. Lo hice sin querer. No puedes desconfiar así de mí.
RITA:	No lo sé, Diego. Esta vez necesito pensarlo. Te llamo mañana.

14. ¿Qué recuerda Ud.?

1. ¿Por qué está llorando Rita?

Porque ha descubierto que Diego salió con Clara el viernes pasado.

2. ¿Quién ha visto a Diego con Clara?

Elena ha visto a Diego con Clara.

3. ¿Por qué llamó Clara a Diego?

Clara lo llamó porque tenía un problema y quería hablar con alguien.

4. ¿Por qué no le avisó Diego a Rita que iba a ver a Clara?

Porque se olvidó.

5. ¿Por qué está perdiendo Rita la paciencia con Diego?

Porque Diego siempre comete esos errores.

15. Algo personal
No se dan respuestas.

1. ¿Ha tenido Ud. una pelea con alguien? ¿Sobre qué?
2. ¿Reconoce cuando Ud. tiene la culpa o ha cometido un error?
3. ¿Pierde la paciencia con facilidad?
4. ¿Alguna vez le ha echado la culpa de algo a otra persona?

Answers will vary.

16. ¿Qué ha sucedido?
Escuche los siguientes diálogos. Diga a qué foto corresponde cada uno.

1. Descubrí que Mario sale con Tania.
   ¡Qué raro!

   C

2. No llores más, Analía. Todo va a estar bien.
   Gracias. Eres un chico muy comprensivo.

   B

3. Pablo y Enrique han tenido una pelea muy fuerte.
   Sí, me he enterado.

   D

4. Mire por dónde camina.
   Discúlpeme. Lo hice sin querer.

   A

20. ¿Lo has hecho o no?
Conteste las siguientes preguntas sobre lo que ha hecho esta última semana usando el pretérito perfecto. No se dan respuestas.

MODELO ¿Has leído algún libro interesante?
   A: Sí, he leído... ¿Quieres leerlo tú?
   B: No gracias, ya lo he leído.

1. ¿Has estudiado algo interesante?
2. ¿Has hecho la tarea para todas las clases?
3. ¿Has ido al cine?
4. ¿Has visto un programa bueno por televisión?
5. ¿Has discutido con amigos o con tus hermanos?
6. ¿Has descubierto algo interesante?
7. ¿Has dicho alguna mentira?
8. ¿Has salido con tus amigos?

Answers will vary.

Lectura Cultural

En el Viejo San Juan

Escucha.

En 1521, los españoles fundaron la ciudad de San Juan de Puerto Rico. Desde el principio, llegaban a la ciudad barcos cargados con los tesoros que los españoles llevaban de América a España. Por esa razón, San Juan era atacada frecuentemente por piratas. Para defenderla, los españoles construyeron una muralla alrededor de la ciudad.

Cuenta la leyenda que una noche, uno de los soldados que cuidaban la muralla desapareció. Muchos pensaron que los piratas eran responsables de su desaparición. Al día siguiente, sin embargo, se supo la verdad: el soldado se había ido con su novia. Nunca regresó a la muralla. Parece que ese muro, construido para separar a la gente, quería reunirlas.

Hoy en día, San Juan es una de las ciudades coloniales mejor conservadas del Caribe. Cada domingo, la vieja muralla une a gente de diferentes países y culturas que vienen a San Juan en busca de un tesoro más precioso que el oro: la amistad.

25. ¿Qué recuerda Ud.?

1. ¿Cuándo se fundó San Juan de Puerto Rico? ¿Quiénes fundaron la ciudad?
2. ¿Por qué atacaban los piratas la ciudad de San Juan?

3. ¿Qué hicieron los españoles para defender la ciudad?
4. ¿Qué leyenda se cuenta sobre la muralla de San Juan?

5. ¿Está de acuerdo con que "ese muro, construido para separar a la gente, quería reunirlas"? ¿Por qué?

En 1521, los españoles fundaron San Juan de Puerto Rico.
Porque a la ciudad llegaban barcos cargados con los tesoros que los españoles llevaban de América a España.
Construyeron una muralla.

Una noche, uno de los soldados que cuidaban la muralla desapareció. Muchos pensaron que los piratas eran responsables, pero la verdad era que el soldado se había ido con su novia.
Answers will vary.

26. Algo personal
No se dan respuestas.

1. Observe una de las fotos de San Juan que aparece en el artículo y descríbala.
2. ¿Existen en su ciudad murallas o edificios antiguos?

Answers will vary.

Éste es el fin de la Lección A del Capítulo 4.

Vocabulario I

La relación con los padres

Escucha.

— Hazme caso. Soy tu hermana mayor.
— ¡Estás equivocada, Adela! ¡No tengo obligación de avisarte adónde voy cada vez que salgo!
— ¡No se peleen! Resuelvan el conflicto y hagan las paces.

— ¿Por qué no te peinas mejor, Tomás?
— ¡No me critiques! ¡A mí me gusta así! ¡Acéptame tal como soy!
— No levantes la voz. No me gusta ese comportamiento. Respeta a los adultos.

reaccionar mal

- Es muy importante mantener buenas relaciones en la familia.
- Muchas veces hay diferencias de opinión entre padres e hijos.

1. **¿Conflicto u obligación?**
   Diga si cada frase que escucha se refiere a un conflicto o a una obligación en una relación.

   1. ¡No me levantes la voz!   conflicto
   2. ¡Acéptame tal como soy!   conflicto
   3. Tienes que avisarme cuando vienes tarde a casa.   obligación
   4. Siempre reaccionas mal a todo lo que te digo.   conflicto
   5. Debes hacer caso a los adultos.   obligación
   6. ¡No se peleen más y hagan las paces!   conflicto

Diálogo I

¡No vuelvas tarde a casa!

Escucha.

JUAN:	Mamá, me voy a una fiesta.
MADRE:	¿Adónde?
JUAN:	A una fiesta en la casa de Sebastián.
MADRE:	Yo no sabía nada de esta fiesta. ¿Por qué no me avisaste antes?
JUAN:	Me olvidé.

MADRE:	No me gusta ese comportamiento. Respétame un poco.
JUAN:	Pero, mamá, ¿por qué reaccionas así?
MADRE:	No me levantes la voz, Juan.
JUAN:	Pero si estamos hablando...

MADRE:	Estoy muy enojada.
JUAN:	Discúlpame, por favor. ¿Hacemos las paces?
MADRE:	Tu única obligación es avisarme adónde vas.
JUAN:	Lo sé... ¿Pero puedo ir a la fiesta?
MADRE:	Bueno, puedes ir, ¡pero no vuelvas tarde a casa!

3. ¿Qué recuerda Ud.?

1. ¿Adónde quiere ir Juan?

   Juan quiere ir a una fiesta en la casa de Sebastián.

2. ¿Por qué no le avisó Juan a su mamá que iba a la fiesta?

   Porque se olvidó.

3. ¿Por qué reacciona mal la mamá de Juan?

   Porque no le gusta cuando Juan tiene ese comportamiento.

4. ¿Cuál es la obligación de Juan?

   La obligación de Juan es avisarle adónde va.

4. Algo personal
No se dan respuestas.

1. ¿Cómo es su relación con sus padres?

   Answers will vary.

2. ¿Qué obligaciones tiene en su casa con sus padres?

3. ¿Cómo reaccionan sus padres cuando no les avisa algo?

5. ¿Qué dice cada diálogo?
Escuche los siguientes diálogos y escoja la palabra que complete las oraciones sobre cada uno.

1. RODOLFO: Discúlpame por mi comportamiento.
   MARIO: Discúlpame también a mí por gritarte.

   B

2. CLARA: ¿Por qué tienes que gritarme, Paola?
   PAOLA: Porque no quiero que vuelvas a preguntarme lo mismo.

   A

3. TOMÁS: Papá, ¿por qué tengo que avisarles a qué hora llego? No quiero.
   PADRE: Tomás, es tu obligación decirnos lo que haces.

   A

4. MADRE: No me gusta esa ropa, Eugenia. No puedo acostumbrarme a esos colores tan locos.
   EUGENIA: Pero mamá, tú sabes que a mí me gusta vestirme así.

   B

6. Un canto de esperanza
Conteste las siguientes preguntas.

1. ¿Por qué a algunos no les gustaba la música de Juan Luis Guerra?
2. ¿Qué canciones hicieron famoso a Guerra?
3. ¿Qué sucedió en diciembre de 1991?
4. ¿Por qué dijo el artista que ya no se sentía "un extraño"?
5. ¿Qué sucedió en el concierto cuando cantó su canción más popular?

Porque era más complejas que las tradicionales.
"Ojalá que llueva café" y "La bilirrubina"

Juan Luis Guerra dio un gran concierto.
Answers will vary.

Empezó a llover pero la gente estaba tan emocionada que nadie se movió hasta que terminó el concierto.

8. ¡No molestes!
Es el primer día de clase de su hermano menor. Diga lo que no debe hacer en clase.

MODELO   hablar en clase sin permiso
No hables en clase sin permiso.

1. llegar tarde
2. comer en clase
3. dormir en clase
4. discutir con los otros chicos
5. gritar en la escuela
6. hacerle preguntas a tu compañero
7. levantar la voz
8. criticar a los otros estudiantes

No llegues tarde.
No comas en clase.
No duermas en clase.
No discutas con los otros chicos.
No grites en la escuela.
No le hagas preguntas a tu compañero.
No levante la voz.
No critiques a los otros estudiantes.

10. Eso no se permite
Observe los dibujos siguientes y diga a cuál de las siguientes situaciones corresponde cada dibujo. Luego, escriba el mandato negativo informal que la madre o el padre le da a cada uno de los jóvenes.

1. A Toni su papá no le permite usar aretes.
2. A Mayra su mamá no la deja ponerse maquillaje.
3. A Juan Luis su mamá no le permite mirar televisión mientras come.
4. A Angelina su madre no le permite subirse al árbol.
5. A Sixto su papá no le permite tocar las maracas por la noche.

B. Toni, no uses aretes.

E. Mayra, no te pongas maquillaje.

C. Juan Luis, no mires televisión mientras comes.

A. Angelina, no te subas al árbol.

D. Sixto, no toques las maracas por la noche.

15. ¿Qué ha hecho últimamente?

Conteste las siguientes preguntas según su experiencia, usando la preposición *a*. No se dan respuestas.

1. ¿Ha conocido a alguien famoso últimamente? ¿A quién?
2. ¿Adónde va generalmente después del colegio? ¿Qué hace allí?
3. ¿A cuántas millas de su casa está el centro comercial más cercano? ¿Ha ido Ud. allí esta semana?
4. ¿Ha visto Ud. a otra persona hacer algo peligroso esta semana? ¿A quién? ¿Qué hizo?
5. ¿Ha ido Ud. al supermercado esta semana? ¿Se ha fijado en los precios de la fruta? ¿A cuánto está la libra de manzanas?
6. ¿A quiénes respeta Ud. más? ¿Por qué?

Answers will vary.

Vocabulario II

Por teléfono

Escucha.

— ¿Aló? ¿Quién habla?
— ¿Con el 555-7878?
— No, tiene el número equivocado.

— La línea estaba ocupada cuando te llamé. ¿Con quién estabas hablando?
— Con la operadora. Estaba haciendo una llamada de larga distancia y no sabía cuál era el código del país.

— Usted tiene 3 mensajes.

— Diga.
— Es la operadora. Tiene una llamada de cobro revertido de su hijo Enrique. ¿La acepta?
— Sí.

— Aunque es una llamada local, la recepción no es muy buena. Voy a colgar y te llamo otra vez.

cargar la batería
el teléfono inalámbrico
la tarjeta telefónica
el contestador automático
sonar

- José estaba marcando un número cuando el teléfono celular se quedó sin batería.
- Ella consulta la guía telefónica.

17. Sobre el teléfono

Escuche las oraciones y diga a qué foto corresponde cada una.

1. Marta estaba haciendo la llamada de larga distancia con una   F
   tarjeta telefónica.
2. Le estaba dejando un mensaje a Lidia en el contestador   B
   automático cuando ella llegó a la casa.
3. Mi hermano y yo estábamos consultando la guía telefónica   D
   para encontrar su número de teléfono.
4. Miguel le dijo al operador que quería hacer una llamada de   E
   cobro revertido.
5. Ángel tuvo que cargar la batería de su teléfono celular.   A
6. Mi papá compró un teléfono inalámbrico para toda la familia.   C

18. ¿Qué palabra no está relacionada con las otras?

Diga qué palabra no está relacionada con las demás.

1. A. mensaje   C
   B. grabar
   C. cargar
   D. contestador
2. A. marcar   C
   B. número
   C. avisar
   D. teléfono
3. A. mensaje   A
   B. batería
   C. cargar
   D. teléfono celular
4. A. ¿Aló?   C
   B. ¿Quién habla?
   C. ¡Qué va!
   D. Diga.
5. A. llamada local   B
   B. tarjeta telefónica
   C. llamada de cobro revertido
   D. llamada de larga distancia

Diálogo II

¿Qué estabas haciendo?

Escucha.

MADRE: ¿Por qué no contestabas el teléfono, Juan? Te dejé dos mensajes en el contestador
        automático. ¿Qué estabas haciendo?
JUAN: Estaba hablando con Pedro por mi teléfono celular.

MADRE:	¡Pedro! ¡Ay, no! Pero si él vive en Caracas. ¿Él te llamó?
JUAN:	No, yo lo llamé. Necesitaba hablar con él.
MADRE:	¡Pero estabas haciendo una llamada de larga distancia!
JUAN:	Usé una tarjeta telefónica. Es mucho más barato.
MADRE:	¿Y puedes hacer llamadas locales con esa tarjeta?
JUAN:	Creo que sí. Si quieres, le preguntamos a la operadora.
MADRE:	Buena idea... así ahorramos dinero.

19. ¿Qué recuerda Ud.?

1. ¿Qué estaba haciendo Juan cuando lo llamó su madre?

   Estaba hablando con Pedro por su teléfono celular.

2. ¿Dónde vive Pedro?

   Pedro vive en Caracas.

3. ¿Qué tipo de llamada estaba haciendo Juan?

   Estaba haciendo una llamada de larga distancia.

4. ¿Qué usó Juan para hacer la llamada? ¿Por qué?

   Usó una tarjeta telefónica porque era mucho más barato.

20. Algo personal
No se dan respuestas.

1. ¿Hace llamadas de larga distancia? ¿A quién?

   Answers will vary.

2. ¿Usa alguna vez tarjetas telefónicas? ¿Cuánto cuestan?

3. ¿Tiene en su casa un contestador automático?

4. Si necesita alguna información para hacer una llamada, ¿consulta la guía telefónica o llama a la operadora?

5. ¿Hace llamadas de cobro revertido? ¿Por qué?

21. **¿Cuál es la palabra?**

Escuche las definiciones y escoja la letra de la palabra a la que se refiere cada una.

1. Poner el teléfono en su lugar después de una conversación.   B

2. Número que hay que marcar antes de un número de teléfono.   A

3. Libro con las direcciones y los teléfonos de las personas.   C

4. Ruido que hace el teléfono cuando alguien llama.   B

5. Tocar los números del teléfono para hacer una llamada.   C

6. Calidad de sonido con que se recibe una llamada de teléfono.   A

22. **¿Qué hacen los jóvenes dominicanos?**
Conteste las siguientes preguntas.

1. ¿En qué se parecen los jóvenes dominicanos a los estadounidenses?

A los dos grupos les gusta pasarla bien, salir con amigos, jugar con la "play station" y escuchar la música de moda.

2. ¿Qué hacen muchos chicos dominicanos los viernes?

Los viernes, muchos dominicanos van a bailar a las discotecas Neón, Omni o Vértigo.

3. ¿Qué deportes extremos se pueden practicar en la República Dominicana?

Se pueden practicar el excursionismo, la escalada, el paracaidismo, los deportes de vela, el surfing, el buceo, el kayak y el kite boarding.

4. ¿Qué hacen muchos jóvenes que prefieren quedarse en la ciudad?

Hacen skateboarding.

5. Diga cómo se saludan y se despiden los jóvenes dominicanos.

Se saludan diciendo "Qué lo qué" y se despiden diciendo "Tá kool".

Lectura personal

Santo Domingo: un mundo nuevo
Escucha.

Queridos mamá y papá:

Hoy hemos visitado la primera ciudad de América construida por los europeos. Primero fuimos a la hermosa Fortaleza Ozama, que fue el primer edificio militar que construyeron los españoles en América, en 1503. Más tarde visitamos la Catedral de Santo Domingo, de estilo gótico y clásico. Se cree que en esa iglesia estuvo enterrado hasta 1992 Cristobal Colón. En ese año se terminó la construcción del Faro a Colón, un imponente edificio en forma de cruz que se construyó en homenaje al 500 aniversario de su llegada.

Al caminar por las calles de Santo Domingo, lo que más me impresionó no fueron los edificios, sino la gente. A pesar de que en esta ciudad hay mucha pobreza y la vida está llena de problemas, la gente es muy amigable. Si uno le pregunta a alguien dónde está un lugar, la gente siempre responde con una sonrisa y comienza a hablar contigo como un viejo amigo.

Por la tarde nuestro guía nos dijo que teníamos dos horas de tiempo libre. Casi todos, al oír esas palabras, fuimos a buscar nuestras tarjetas telefónicas para llamar a nuestras familias. Creo que la gente de Santo Domingo, con su sonrisa amable, nos hizo pensar en los amigos que están tan lejos. ¡Y todos corrimos a llamarlos!

Cariños,
Mariana

26. ¿Qué recuerda Ud.?

1. ¿Qué importancia tiene la Fortaleza Ozama?
2. ¿Cuándo se construyó el Faro a Colón?
3. ¿Qué fue lo que más impresionó a Mariana en Santo Domingo? ¿Por qué?
4. ¿Qué hacen todos cuando el guía les da dos horas libres?

Fue el primer edificio militar que construyeron los españoles en América.
En 1992.
La gente de esa ciudad, porque son muy amigables.
Van a llamar a sus familias por teléfono.

27. Algo personal
No se dan respuestas.

1. ¿Visitó alguna vez una ciudad donde la gente es muy amistosa? Describa su experiencia.
2. Mariana habla de algunos problemas que tiene la gente en Santo Domingo. ¿Cuáles son los problemas más grandes que tiene su ciudad?

Answers will vary.

Éste es el fin de la Lección B del Capítulo 4.

¡Viento en popa!

Ud. lee

"A Julia de Burgos"

Escucha.

Ya las gentes murmuran que yo soy tu enemiga
porque dicen que en verso doy al mundo tu yo.

Mienten, Julia de Burgos. Mienten, Julia de Burgos.
La que se alza en mis versos no es tu voz: es mi voz;
porque tú eres ropaje y la esencia soy yo;
y el más profundo abismo se tiende entre las dos.

Tú eres fría muñeca de mentira social,
y yo, viril destello de la humana verdad.

Tú, miel de cortesanas hipocresías; yo no;
que en todos mis poemas desnudo el corazón.

Tú eres como tu mundo, egoísta; yo no;
que todo me lo juego a ser lo que soy yo.

Tú eres sólo la grave señora señorona;
yo no, yo soy la vida, la fuerza, la mujer.

Tú eres de tu marido, de tu amo; yo no;
yo de nadie, o de todos, porque a todos, a todos,
en mi limpio sentir y en mi pensar me doy.

Tú te rizas el pelo y te pintas; yo no;
a mí me riza el viento; a mí me pinta el sol.

Tú eres dama casera, resignada, sumisa,
atada a los prejuicios de los hombres; yo no;
que yo soy Rocinante corriendo desbocado
olfateando horizontes de justicia de Dios.

Tú en ti misma no mandas; a ti todos te mandan;
en ti mandan tu esposo, tus padres, tus parientes,
el cura, la modista, el teatro, el casino,
el auto, las alhajas, el banquete, el champán,
el cielo y el infierno, y el qué dirán social.

En mí no, que en mí manda mi solo corazón,
mi solo pensamiento; quien manda en mí soy yo.

Tú, flor de aristocracia; y yo la flor del pueblo.
Tú en ti lo tienes todo y a todos se lo debes,
mientras que yo, mi nada a nadie se la debo.

Tú, clavada al estático dividendo ancestral,
y yo, un uno en la cifra del divisor social,
somos el duelo a muerte que se acerca fatal.

A. ¿Qué recuerda Ud.?
No se dan respuestas.

1. Haga una tabla de dos columnas con los títulos: *Tú* y *Yo.* Escriba las características que Julia de Burgos atribuye a cada una de estas partes de sí misma.

   Wording of answers will vary, but the columns should show, respectively, the main characteristics of the exterior (social) and interior (subjective) conditions of modern womanhood.

2. Según la estrofa 2, ¿cómo es la distancia entre las dos partes de la poeta?

   Hay una gran distancia.

3. Según la estrofa 10, ¿de dónde vienen los mandatos, del interior o del exterior de la poeta? ¿Y en la estrofa 11?

   Según la estrofa 10, vienen del exterior.
   Según la estrofa 11, vienen del interior.

4. ¿Qué generalización puede hacer entre la parte "tú" y la parte "yo" de la poeta?

   Answers will vary.

B. Algo personal
No se dan respuestas.

1. ¿Por qué cree Ud. que este poema se considera un ejemplo de poesía feminista?

   Answers will vary.

2. Imagine que Ud. tiene una parte "tú" y una parte "yo". ¿Qué dice cada parte sobre Ud.?

Trabalenguas

Escucha y repite.

Tengo un tío cajonero que hace cajas y calajas y cajitas y cajones. Y al tirar de los cordones salen cajas y calajas y cajitas y cajones.

Éste es el fin de la sección ¡Viento en popa! del Capítulo 4.

Capítulo **5** Ciudad y campo

Lección A

Vocabulario I

Manejar en la ciudad

Escucha.

— Disminuyan la velocidad. Cedan el paso al entrar en la glorieta.

— Ajuste el espejo retrovisor. Sea prudente. ¡No acelere tanto!
— Tenga paciencia conmigo. Estoy aprendiendo.

— Muéstreme su licencia de conducir.

— Pise el acelerador despacio y ponga la marcha atrás.
— Estacionemos en este espacio vacío.

el semáforo
la calle de doble vía
la glorieta
la calle de una vía
prohibido doblar
el acelerador

— Los conductores deben seguir las normas de tránsito para cometer menos errores al conducir.

1. **¡Respetemos las señales!**
   Indique la letra de la foto que corresponde con lo que oye.

   1. Ajuste el espejo retrovisor antes de comenzar a conducir.   B
   2. Muéstreme la licencia de conducir.   F
   3. Respetemos el semáforo.   C
   4. Sigan al coche que va por la calle de doble vía.   E
   5. El policía está parado en la glorieta.   D
   6. Doble por la calle de una sola vía.   A

Diálogo I

¡No acelere!

Escucha.

MARÍA:	Quiero obtener la licencia de conducir. Hoy es mi primera clase.
INSTRUCTOR:	Muy bien. Súbase a este coche. ¿Ya sabe todas las normas de tránsito?
MARÍA:	Sí. ¿Me pongo el cinturón de seguridad?
INSTRUCTOR:	Por supuesto. Siempre debe ponérselo.
MARÍA:	¿Qué hago ahora?
INSTRUCTOR:	Primero ajuste el espejo retrovisor y luego encienda el motor.
MARÍA:	¿Acelero?
INSTRUCTOR:	No, no acelere todavía. Busque el freno...
INSTRUCTOR:	Pise el acelerador con mucho cuidado. Al principio debe ir despacio. No quite las manos del volante...¡Con cuidado! ¡Disminuya la velocidad!
MARÍA:	Profesor, tenga más paciencia conmigo.

3. ¿Qué recuerda Ud.?

1. ¿Cuándo se debe poner María el cinturón de seguridad?

   María debe ponerse el cinturón de seguridad siempre.

2. ¿Qué debe hacer para acelerar?

   Debe pisar con mucho cuidado el acelerador.

3. ¿Cómo debe ir al principio?

   Al principio debe ir despacio.

4. ¿Qué le dice el instructor a María al final?

   El instructor le dice a María: ¡Disminuya la velocidad!

4. Algo personal

No se dan respuestas.

1. ¿Sabe conducir coches?
2. ¿Tiene licencia de conducir?
3. ¿Conoce las normas de tránsito? ¿Es prudente cuando conduce?
4. ¿Qué errores comete la gente o Ud. al conducir?

Answers will vary.

5. **Para conducir**

   Escuche cada diálogo y escoja la frase que completa correctamente cada oración.

   1. ROBERTO: Quiero tener la licencia de   la licencia de conducir
      conducir.
      MARCOS: Aprenda primero a conducir.
   2. INSTRUCTOR: Ajuste primero el espejo   el espejo retrovisor
      retrovisor.
      CARLA: Ya lo he ajustado, instructor.
   3. PABLO: Por qué pone la marcha atrás?   estacionar
      VÍCTOR: Porque voy a estacionar en
      este lugar vacío.
   4. POLICÍA: Ceda el paso a la señora.   ceden
      CONDUCTOR: Sí, enseguida.

6. **¿Qué sabe del transporte público en Buenos Aires?**

   Conteste las siguientes preguntas.

1. ¿Cuáles son los dos tipos principales de transporte público en Buenos Aires?	Los dos transportes principales son el colectivo y el subte.
2. ¿Cuánto cuesta el subte?	El billete de subte cuesta 70 centavos.
3. ¿Cuál es el horario del subte?	El horario del subte es de las 6 de la mañana a las 10 de la noche, excepto los fines de semana y días feriados, que es de las 6 de la mañana a las 8 de la tarde.
4. ¿Dónde se compran los boletos para el colectivo?	Se compran en el mismo autobús, en una máquina que funciona con monedas.
5. ¿Cuál es el horario de servicio del colectivo?	El servicio del colectivo funciona las 24 horas del día.

7. **Conduzca con cuidado**

   La señora Cánova está aprendiendo a manejar. ¿Cuáles son las instrucciones que le da la instructora?

   MODELO   no cruzar en rojo
                No cruce en rojo.

1. no estar nerviosa	No esté nerviosa.
2. abrocharse el cinturón de seguridad	Abróchese el cinturón de seguridad.
3. obedecer las señales de tránsito	Obedezca las señales de tránsito.
4. no ir rápido	No vaya rápido.
5. disminuir la velocidad	Disminuya la velocidad.
6. ser prudente	Sea siempre prudente.

11. ¿Seguimos o no?

Conteste las preguntas de su amigo de Buenos aires usando un mandato con *nosotros*. Use la forma afirmativa o negativa según se indica entre paréntesis.

MODELO **A:** ¿Encendemos los faros? (No)
B: No, no los encendamos.

1. ¿Adónde vamos? ¿Al Tigre? (Sí)   Sí, vayamos al Tigre.
2. ¿Por dónde tomamos? ¿Por la Avenida   No, no tomemos por la Avenida General
   General Paz? (No)   Paz.
3. ¿Doblamos a la derecha? (No)   No, no doblemos a la derecha.
4. ¿Seguimos derecho? (Sí)   Sí, sigamos derecho.
5. ¿Preguntamos cómo llegar? (Sí)   Sí, preguntemos cómo llegar.
6. ¿Paramos aquí? (No)   No, no paremos aquí.
7. ¿Le pedimos ayuda a ese señor? (Sí)   Sí, pidámosle ayuda a ese señor.

12. ¿Qué hacemos?

Ud. y su compañero están manejando por Buenos Aires. Decida qué hacer para resolver los problemas que su amigo le hace saber. Use mandatos con *nosotros*.

MODELO No encuentran lugar para estacionar el coche.
Busquemos estacionamiento en otra calle.

Answers will vary. Possible answers are:
1. El semáforo está en rojo.   Paremos.
2. No puedo encontrar el restaurante que   Preguntemos a un policía.
   buscamos.
3. Perdí el mapa con las indicaciones.   Compremos otro mapa.
4. Hay un coche que quiere pasarnos.   Disminuyamos la velocidad.
5. No puedo ver bien por el espejo   Ajustémoslo.
   retrovisor.
6. El freno no funciona bien.   Arreglémoslo.

Vocabulario II

La vida en la ciudad

Escucha.

— ¿Dónde se encuentra el colegio?
— Aquí no. Éste es un callejón sin salida. Es mejor que doblemos a la derecha.

— Es importante que pongamos monedas en el parquímetro. No quiero que nos pongan una multa.

— ¡No exceda la velocidad!

— Discúlpeme, pero estoy perdido. ¿Dónde queda el museo?
— Más allá de la obra en construcción.

— Mi papá quiere que llene el tanque de gasolina.

la bocacalle
los peatones
la obra en construcción
la zona verde
las afueras
la autopista

— Es necesario que los coches paren cuando hay un cruce de peatones.
— Hay un atasco en la autopista.

14. Es mejor que...

Indique la letra de la foto que corresponde con lo que oye.

1. Es necesario que encontremos una salida en este callejón.　　　　B
2. Es mejor que pongamos ahora las monedas en el parquímetro.　　　E
3. Es importante que encontremos la autopista que llega a Buenos Aires.　A
4. Doble en la primera bocacalle a la izquierda.　　　　F
5. No creo que debamos llenar el tanque de gasolina en esta estación de servicio.　D
6. Tenga cuidado con los peatones.

　　　　　　C

Diálogo II

Creo que estamos perdidos

Escucha.

MARÍA:	¿Dónde queda la casa de Marisa?
RAÚL:	Creo que es ésa... No, me parece que no.
MARÍA:	¿No tienes su dirección?
RAÚL:	No, me la olvidé en casa.
MARÍA:	No lo puedo creer.
MARÍA:	¿Y tú has ido alguna vez a su casa?
RAÚL:	Sí, recuerdo que estaba cerca de una estación de servicio... ¿O era de un callejón sin salida?
MARÍA:	¡No veo ni un callejón sin salida ni una estación de servicio!
RAÚL:	Creo que estamos perdidos. ¿Tienes un mapa?
MARÍA:	No, no tengo. Es mejor que llamemos a Marisa por teléfono y le digamos que estamos perdidos. ¿Tienes su número?
RAÚL:	¿De teléfono? Pues... no.

16. ¿Qué recuerda Ud.?

1. ¿Qué le sucedió a Raúl? — Se olvidó la dirección de Marisa en su casa.
2. ¿Dónde estaba la casa de Marisa, según Raúl? — Cerca de una estación de servicio o de un callejón sin salida.
3. ¿Qué es lo que no ve María? — María no ve ni un callejón sin salida ni una estación de servicio.
4. ¿Qué dice María que es mejor? — Que llamen a Marisa por teléfono y le digan que están perdidos.
5. ¿Tiene Raúl el número de teléfono de Marisa? — No, Raúl no lo tiene.

17. Algo personal
No se dan respuestas.

1. ¿Se perdió alguna vez en la ciudad? ¿Qué sucedió? — Answers will vary.
2. ¿Qué puede hacer la gente cuando se pierde?
3. ¿Va a las afueras de la ciudad? ¿Qué hace allí?
4. ¿Le han puesto alguna vez una multa a un miembro de su familia? ¿Por qué?

18. Al conducir un coche
Escuche los siguientes diálogos. Diga a qué foto corresponde cada uno.

1. —¿Por qué me pone una multa, señorita?
   —Es importante que recuerde poner monedas en el parquímetro. — B
2. —No podemos ir por esta avenida. Hay un atasco.
   —Es mejor que vayamos por la autopista. — D
3. —¿Lleno el tanque de gasolina, señora?
   —Sí, por favor, pero que sea lo más rápido posible. Estoy muy apurada. — A
4. —Me encanta conducir por las afueras de la ciudad.
   —Sí, a mí también me gusta mucho ver los espacios verdes. — C

19. ¿Conoce a Mafalda?

Conteste las siguientes preguntas.

1. ¿Quién es Mafalda?

   Mafalda es un personaje de historieta. Es una niña argentina.

2. ¿Quién es su creador?

   El creador de Mafalda es el dibujante argentino Quino.

3. ¿Cuándo se dibujó la primera tira de Mafalda? ¿Para qué?

   La primera tira de Mafalda se dibujó en 1963, para una agencia de publicidad.

4. ¿Qué familia tiene Mafalda?

   Mafalda tiene un padre, una madre y un hermanito.

5. ¿Cómo se llaman los amigos de su pandilla?

   Los amigos de su pandilla son Susanita, Miguelito, Felipe, Manolito y Libertad.

6. ¿Dónde se publican hoy las historietas de Mafalda?

   Las historietas de Mafalda se publican por todo el mundo.

Lectura Cultural

El tango

Escucha.

El tango, esa música triste, nació a fines del siglo XIX, en los conventillos de Buenos Aires, donde se mezclaban miles de inmigrantes españoles, italianos e irlandeses.

Al principio, el tango se tocaba con un solo instrumento, y no tenía letra ni se bailaba. Más tarde, comenzaron a aparecer las letras y los instrumentos que hoy conocemos como típicos del tango: el bandoneón y la guitarra.

A principios del siglo XX el tango estuvo prohibido, pero en 1912 las orquestas de tango comenzaron a viajar a Europa y el tango triunfó en los salones de baile de París. A partir de ese momento el tango se considera la música nacional de Argentina.

Hoy en día, el tango ha pasado a formar parte del repertorio de algunos grandes músicos clásicos: desde el chelista Yo Yo Ma, hasta el pianista Daniel Barenboim, muchos solistas de fama mundial incluyen en sus conciertos un tango.

26. ¿Qué recuerda Ud.?

1. ¿Dónde nació el tango?

   El tango nació en los conventillos donde vivía la gente más pobre de Buenos Aires.

2. ¿Cómo era el tango al principio?

   Se tocaba con un solo instrumento, y no tenía letra ni se bailaba.

3. ¿Cuáles son los instrumentos típicos del tango?

   Los instrumentos típicos del tango son el bandoneón y la guitarra.

4. ¿Cuándo es considerado el tango como la música nacional de Argentina?

   El tango se considera como la música nacional de Argentina cuando las orquestas de tango triunfan en París.

5. ¿Quiénes tocan tangos hoy en día?

   Muchos solistas de música clásica tocan tangos en sus repertorios.

27. Algo personal
No se dan respuestas.

1. ¿Conoce algún tango o ha visto a personas bailándolo? ¿Qué elementos de esa música le impresionaron? ¿Por qué?
2. ¿Conoce otros bailes de América Latina? Explique cuáles y cómo son.
3. ¿Cuál es su música preferida? ¿Dónde surgió? ¿Qué influencias tuvo? ¿Quiénes son sus principales intérpretes?

Answers will vary.

Éste es el fin de la Lección A del Capítulo 5.

Lección B

Vocabulario I

Un viaje en tren

Escucha.

— ¡Es increíble que el tren sea puntual!

— Es bueno que tomemos el tren rápido así llegamos más temprano.

— Es malo que tengamos que hacer transbordo en Santiago.
— Sí, no me gusta cambiar de tren.

— El tren de las 5:00 a Valparaíso está a punto de partir.

— Un boleto de ida y vuelta en primera clase a Valdivia.

— ¿Está con retraso el tren local a Santiago?
— Sí, está con media hora de retraso.

— Es una lástima que te vayas.
— Es inútil que me quede. Mi hermana ya está bien.

el coche cama
el coche comedor
la ventanilla
el asiento
la viajera
el inspector
el vagón
el viajero
la inspectora

1. **Viajar en tren**

   Indique la letra de la foto que corresponde con lo que oye.

   1. Es mejor que compremos los boletos
      en la boletería.   D
   2. Es increíble que el paisaje se vea tan
      maravilloso desde la ventanilla del
      tren.   E
   3. Antes de salir de viaje, estos viajeros
      leen un mapa.   F
   4. El inspector anuncia las salidas y
      llegadas de los trenes.   C
   5. Es bueno que la gente duerma en
      un coche cama cuando los viajes son
      largos.   A
   6. Los trenes tienen varios vagones donde
      viajan los pasajeros.   B

Diálogo I

¿A qué hora sale el tren?

Escucha.

MARIO:	Papá, ¿de qué andén sale el tren que va a Valdivia?
PAPÁ:	Del andén 7.
MARIO:	¿A qué hora sale el tren?
PAPÁ:	¿El tren local o el rápido?
MARIO:	El que llegue antes.
PAPÁ:	Llega antes el rápido, pero hoy está con retraso.
MARIO:	Entonces, ¿cuál de los dos trenes es mejor que tome?
PAPÁ:	El tren local sale en 20 minutos pero tarda una hora en llegar. El tren rápido sale en 40 minutos y tarda media hora.
MARIO:	Es mejor que tome el local porque llega casi a la misma hora que el rápido.
PAPÁ:	Sí, es una lástima que el rápido vaya con retraso.
MARIO:	No importa, tengo más tiempo para mirar el paisaje por la ventanilla.

3. **¿Qué recuerda Ud.?**

   1. ¿Adónde quiere ir Mario?   Mario quiere ir a Valdivia.
   2. ¿Cómo está hoy el tren rápido?   El tren rápido está hoy con retraso.
   3. ¿Qué tren decide tomar Mario?   Mario decide tomar el tren local porque
      ¿Por qué?   llega casi a la misma hora que el rápido.
   4. ¿Para qué tiene más tiempo Mario   Tiene más tiempo para mirar el paisaje por
      durante el viaje en el tren local?   la ventanilla.

4. **Algo personal**
   No se dan respuestas.

   1. ¿Viaja Ud. en tren? ¿Adónde?   Answers will vary.
   2. ¿Le gusta mirar el paisaje por la
      ventanilla? ¿Por qué?
   3. ¿Qué prefiere, el tren rápido o el local?
      ¿Por qué?

5. **¡Qué lástima!**
   Escuche las siguientes expresiones. Escoja la letra de la oraciónque dice la expresión de otra manera.

   1. Es una lástima que no haya un tren   A
      rápido a Valdivia.
   2. Es inútil que viaje en un coche cama;   B
      nunca puedo dormir en los viajes.
   3. Es malo que el tren salga con una hora   B
      de retraso.
   4. Es bueno que no tengamos que hacer   A
      transbordo en Valparaíso.

6. **Paseando en los trenes y en los sueños**
   Conteste las siguientes preguntas.

   1. ¿Qué importancia tuvieron los trenes   Su padre era inspector de trenes y Neruda
      en la vida de Neruda?   iba con él en sus viajes.
   2. ¿Cómo se hizo famoso Pablo Neruda?   Siendo joven, publicó un libro de poemas
                                                     que lo hizo famoso.
   3. ¿Qué es el Tren de la Poesía?   Un evento en el que un grupo de escritores
                                                     viaja en un antiguo tren por los pueblos y
                                                     ciudades que visitaba Neruda en los viajes
                                                     con su padre.
   4. ¿Qué actividades se realizan en el Tren   Se realizan conferencias sobre la vida y la
      de la Poesía?   obra de Neruda y se hacen presentaciones
                                                     de nuevos libros de poemas.
   5. ¿Por qué cree que el evento se celebra   El 23 de septiembre es el aniversario de la
      el 23 y el 24 de septiembre?   muerte de Neruda.
   6. ¿Por qué se dice en el artículo que   Answers will vary.
      "para los habitantes de Temuco y
      las ciudades vecinas, Neruda sigue
      paseando en los trenes y en los
      sueños"?

7. **¿Qué es mejor?**

   Cambie el verbo en infinitivo a la forma correspondiente del subjuntivo según el sujeto indicado entre paréntesis.

   1. Es importante *tomar* el tren rápido para llegar antes. (nosotros)
      Es importante que nosotros tomemos el tren rápido para llegar antes.
   2. Es malo *llegar* con retraso a la estación. (el tren)
      Es malo que el tren llegue con retraso a la estación.
   3. Es necesario *hacer* transbordo en Santiago. (Ud.)
      Es necesario que Ud. haga transbordo en Santiago.
   4. Es mejor *comprar* boleto de ida y vuelta. (ellos)
      Es mejor que ellos compren boleto de ida y vuelta.
   5. Es bueno *comer* en el coche comedor. (los viajeros)
      Es bueno que los viajeros coman en el coche comedor.
   6. Es una lástima no *ver* el paisaje. (yo)
      Es una lástima que yo no vea el paisaje.
   7. Es una suerte *estar* sentado al lado de la ventanilla. (tú)
      Es una suerte que tú estés sentado al lado de la ventanilla.
   8. Es inútil *esperar* en el andén. (ustedes)
      Es inútil que ustedes esperen en el andén.

12. **Es necesario que los viajeros...**

    Observe los dibujos siguientes y diga a cuál de las situaciones corresponde cada dibujo.

    1. entender el horario   C
    2. conseguir los boletos en la boletería   G
    3. esperar en el andén   B
    4. subir al tren con cuidado   J
    5. mostrar su boleto al inspector   D
    6. encontrar el número de su asiento   E
    7. poner su equipaje en el lugar indicado   I
    8. sentarse en el asiento correspondiente   A
    9. no quedarse de pie en el corredor   H
    10. no ir de un vagón a otro   F

Vocabulario II

En el campo

Escucha.

— Les recomiendo que lleven la brújula si dan una caminata por el campo.

— Quiero que me ayudes a hacer la fogata.
— ¿Quieres los fósforos para encenderla?

— Hay muchos mosquitos.
— Te sugiero que te pongas repelente de insectos.

— Te exijo que te pongas el casco y las botas para escalar.
— Espero que escalen las rocas con cuidado.

el valle
el pueblo
el sendero
los binoculares
la brújula
el campamento
la tienda de acampar
el arbusto
el saco de dormir
la linterna
el repelente de insectos
los fósforos
el casco
las rocas

- Estos jóvenes acampan en el valle.

14. En el campamento
Escuche las frases y diga a qué foto corresponde cada una.

1. Te recomiendo que uses los binoculares para observar los pájaros.   F
2. Quiero que pongas la tienda de acampar cerca de estos arbustos.   B
3. Te recomiendo que uses la linterna cuando andes por el campo de   D
   noche.
4. Te exijo que le des la brújula a Sandra.   C
5. Espero que enciendan la fogata antes del anochecer.   A
6. Les sugiero que den una caminata hasta el pueblo; es muy bonito.   E

Diálogo II

Te sugiero que lleves botas

Escucha.

MARIO: Lucas, es la primera vez que me voy de campamento. ¿Qué debo llevar?
LUCAS: Te recomiendo que lleves un repelente de insectos. Hay muchos mosquitos en el campo.

MARIO: Y para escalar, ¿qué cosas necesito?
LUCAS: Te sugiero que lleves un casco. Si te caes te puede ayudar.
MARIO: ¿Y si quiero dar una caminata por la noche?
LUCAS: Es mejor que tengas una linterna.

LUCAS: ¿Llevas la tienda de acampar?
MARIO: No, Rubén la lleva.
LUCAS: ¿Y el saco de dormir?

MARIO: Sí, compré uno ayer. ¿Tienes algún otro consejo?
LUCAS: Recuerda que es bueno que lleves botas. Puede llover.

16. ¿Qué recuerda Ud.?

1. ¿Por qué le recomienda Lucas a Mario que lleve un repelente de insectos? — Porque hay muchos mosquitos en el campo.
2. ¿Por qué es mejor que Mario tenga una linterna? — Para poder dar una caminata de noche.
3. ¿Qué debe recordar Mario? ¿Por qué? — Debe recordar que es bueno llevarse botas porque puede llover.

17. Algo personal
No se dan respuestas.

1. ¿Ha ido alguna vez de campamento? ¿Le gustó la experiencia? — Answers will vary.
2. Su amigo/a se va de campamento. ¿Qué le recomienda que lleve?
3. ¿Le gustan las actividades al aire libre? ¿Cuáles?

18. ¿Qué me recomienda?
Escuche las siguientes preguntas y escoja la foto que corresponde a cada una.

1. ¿Qué puedo usar para no perderme en el campo? — F
2. ¿Qué insectos puedo encontrar en el campamento? — C
3. ¿Qué me recomiendas que lleve para dormir dentro de la tienda de acampar? — A
4. ¿Qué plantas pongo en el jardín? — B
5. ¿Qué cosas puedo escalar? — D
6. ¿Por dónde es mejor que camine para llegar hasta el pueblo? — E

19. **¿Vamos a un parque nacional de Chile?**
Conteste las siguientes preguntas.

1. ¿Qué son los parques nacionales?

   Los parques nacionales son lugares donde se protege la flora y la fauna del lugar.

2. ¿Qué es el ecoturismo?

   Es el turismo que acerca el público a la naturaleza.

3. ¿Cuántos parques nacionales hay en Chile?

   En Chile hay 32 parques nacionales.

4. Nombre tres parques nacionales chilenos.

   Answers will vary, but may include the following: Torres del Paine, Puyehue, Laguna del Laja, Laguna San Rafael.

5. Mencione cuatro actividades que se pueden hacer en un parque nacional.

   Answers will vary, but may include the following: hacer caminatas, observar la flora y fauna, comer comida chilena, pasear en bote, pescar, esquiar.

6. ¿Qué se recomienda llevar a un parque nacional?

   Se recomienda llevar botas de montaña, gafas de sol, ropa de abrigo y protector solar.

23. **Por primera vez**
Es la primera vez que Rolando va de campamento. Todos quieren que él haga algo. Forme oraciones completas para indicar qué quieren que haga.

MODELO su hermano recomendarle / llevar unas buenas botas
Su hermano le recomienda que lleve unas buenas botas.

1. sus amigos insistir en / usar un saco de dormir

   Sus amigos le insisten en que use un saco de dormir.

2. su madre pedirle / no ir a dar caminatas solo

   Su madre le pide que no vaya a dar caminatas solo.

3. el guía querer / llevar un casco para escalar montañas

   El guía quiere que lleve un casco para escalar montañas.

4. el vendedor esperar / comprar los binoculares más caros

   El vendedor espera que compre los binoculares más caros.

5. sus compañeros sugerirle / dormir en la tienda de acampar

   Sus compañeros le sugieren que duerma en la tienda de acampar.

6. el instructor pedirle / encender la linterna

   El instructor le pide que encienda la linterna.

7. las reglas exigirle / no acampar cerca de las rocas

   Las reglas le exigen que no acampe cerca de las rocas.

8. todos decirle / usar la brújula para no perderse

   Todos le dicen que use la brújula para no perderse.

especie de débil estupor y le maravillaba que no supieran que estaba en el infierno. Ocho días pasaron, como ocho siglos. Una tarde, el médico habitual se presentó con un médico nuevo y lo condujeron a un sanatorio de la calle Ecuador, porque era indispensable sacarle una radiografía. Dahlmann, en el coche de plaza que los llevó, pensó que en una habitación que no fuera la suya podría, al fin, dormir. Se sintió feliz y conversador; en cuanto llegó, lo desvistieron; le raparon la cabeza, lo sujetaron con metales a una camilla, lo iluminaron hasta la ceguera y el vértigo, lo auscultaron y un hombre enmascarado le clavó una aguja en el brazo. Se despertó con náuseas, vendado, en una celda que tenía algo de pozo y, en los días y noches que siguieron a la operación, pudo entender que apenas había estado, hasta entonces, en un arrabal del infierno. El hielo no dejaba en su boca el menor rastro de frescura. En esos días, Dahlmann minuciosamente se odió; odió su identidad, sus necesidades corporales, su humillación, la barba que le erizaba la cara. Sufrió con estoicismo las curaciones, que eran muy dolorosas, pero cuando el cirujano le dijo que había estado a punto de morir de una septicemia, Dahlmann se echó a llorar, condolido de su destino. Las miserias físicas y la incesante revisión de las malas noches no le habían dejado pensar en algo tan abstracto como la muerte. Otro día, el cirujano le dijo que estaba reponiéndose y que, muy pronto, podría ir a convalecer a la estancia. Increíblemente, el día prometido llegó.

A la realidad le gustan las simetrías y los leves anacronismos; Dahlmann había llegado al sanatorio en un coche de plaza y ahora un coche de plaza lo llevaba a Constitución. La primera frescura del otoño, después de la opresión del verano, era como un símbolo natural de su destino rescatado de la muerte y la fiebre. La ciudad, a las siete de la mañana, no había perdido ese aire de casa vieja que le infunde la noche; las calles eran como largos zaguanes, las plazas como patios. Dahlmann la reconocía con felicidad y con un principio de vértigo; unos segundos antes de que las registraran sus ojos, recordaba las esquinas, las carteleras, las modestas diferencias de Buenos Aires. En la luz amarilla del nuevo día, todas las cosas regresaban a él.

Nadie ignora que el Sur empieza del otro lado de Rivadavia. Dahlmann solía repetir que ello no es una convención y que quien atraviesa esa calle entra en un mundo más antiguo y más firme. Desde el coche buscaba entre la nueva edificación, la ventana de rejas, el llamador, el arco de la puerta, el zaguán, el íntimo patio. En el hall de la estación advirtió que faltaban treinta minutos. Recordó bruscamente que en un café de la calle Brasil (a pocos metros de la casa de Yrigoyen) había un enorme gato que se dejaba acariciar por la gente, como una divinidad desdeñosa. Entró. Ahí estaba el gato, dormido. Pidió una taza de café, la endulzó lentamente, la probó (ese placer le había sido vedado en la clínica) y pensó, mientras alisaba el negro pelaje, que aquel contacto era ilusorio y que estaban como separados por un cristal, porque el hombre vive en el tiempo, en la sucesión, y el mágico animal, en la eternidad del instante.

A lo largo del penúltimo andén el tren esperaba. Dahlmann recorrió los vagones y dio con uno casi vacío. Acomodó en la red la valija; cuando los coches arrancaron, la abrió y sacó, tras alguna vacilación, el primer tomo de Las mil y una noches. Viajar con este libro, vinculado a la historia de su desdicha, era una afirmación de que esa desdicha había sido anulada y un desafío alegre y secreto a las frustradas fuerzas del mal.

A los lados del tren, la ciudad se desgarraba en suburbios; esta visión y luego la de jardines y quintas demoraron el principio de la lectura. La verdad es que Dahlmann leyó poco; la montaña de piedra imán y el genio que ha jurado matar a su bienhechor eran, quién lo niega, maravillosos, pero no mucho más que la mañana y que el hecho de ser. La felicidad lo distraía de Shahrazad y de sus milagros superfluos; Dahlmann cerraba el libro y se dejaba simplemente vivir.

El almuerzo (con el caldo servido en boles de metal reluciente, como en los ya remotos veraneos de la niñez) fue otro goce tranquilo y agradecido. "Mañana me despertaré en la estancia" pensaba, y era como si a un tiempo fuera dos hombres: el que avanzaba por el día otoñal y por la geografía y la patria, y el otro, encarcelado en un sanatorio y sujeto a metódicas servidumbres. Vio casas de ladrillo sin revocar, esquinadas y largas, infinitamente mirando pasar los trenes; vio jinetes en los terrosos caminos; vio zanjas y lagunas y haciendas; vio largas nubes luminosas que parecían de mármol, y todas estas cosas eran casuales, como sueños de la llanura. También creyó reconocer árboles y sembrados que no hubiera podido nombrar, porque su directo conocimiento de la campaña era harto inferior a su conocimiento nostálgico y literario.

Alguna vez durmió y en sus sueños estaba el ímpetu del tren. Ya el blanco sol intolerable de las doce del día era el sol amarillo que precede al anochecer y no tardaría en ser rojo. También el coche era distinto; no era el que fue en Constitución, al dejar el andén: la llanura y las horas lo habían atravesado y transfigurado. Afuera la móvil sombra del vagón se alargaba hacia el horizonte. No turbaban la tierra elemental ni poblaciones ni otros signos humanos. Todo era vasto, pero al mismo tiempo era íntimo y, de alguna manera, secreto. En el campo desaforado, a veces no había otra cosa que un toro. La soledad era perfecta y tal vez hostil, y Dahlmann pudo sospechar que viajaba al pasado y no sólo al Sur. De esa conjetura fantástica lo distrajo el inspector, que al ver su boleto, le advirtió que el tren no lo dejaría en la estación de siempre sino en otra, un poco anterior y apenas conocida por Dahlmann. (El hombre añadió una explicación que Dahlmann no trató de entender ni siquiera de oír, porque el mecanismo de los hechos no le importaba.)

El tren laboriosamente se detuvo, casi en medio del campo. Del otro lado de las vías quedaba la estación, que era poco más que un andén con un cobertizo. Ningún vehículo tenían, pero el jefe opinó que tal vez pudiera conseguir uno en un comercio que le indicó a unas diez, doce, cuadras.

Dahlmann aceptó la caminata como una pequeña aventura. Ya se había hundido el sol, pero un esplendor final exaltaba la viva y silenciosa llanura, antes de que la borrara la noche. Menos para no fatigarse que para hacer durar esas cosas, Dahlmann caminaba despacio, aspirando con grave felicidad el olor del trébol.

El almacén, alguna vez, había sido punzó pero los años habían mitigado para su bien ese color violento. Algo en su pobre arquitectura le recordó un grabado en acero, acaso de una vieja edición de Pablo y Virginia. Atados al palenque había unos caballos. Dahlmann, adentro, creyó reconocer al patrón; luego comprendió que lo había engañado su parecido con uno de los empleados del sanatorio. El hombre, oído el caso, dijo que le haría atar la jardinera; para agregar otro hecho a aquel día y para llenar ese tiempo, Dahlmann resolvió comer en el almacén.

En una mesa comían y bebían ruidosamente unos muchachones, en los que Dahlmann, al principio, no se fijó. En el suelo, apoyado en el mostrador, se acurrucaba, inmóvil como una cosa, un hombre muy viejo. Los muchos años lo habían reducido y pulido como las aguas a una piedra o las generaciones de los hombres a una sentencia. Era oscuro, chico y reseco, y estaba como fuera del tiempo, en una eternidad. Dahlmann registró con satisfacción la vincha, poncho de bayeta, el largo chiripá y la bota de potro y se dijo, rememorando inútiles discusiones con gente de los partidos del Norte o con entrerrianos, que gauchos de ésos ya no quedan más que en el Sur.

Dahlmann se acomodó junto a la ventana. La oscuridad fue quedándose con el campo, pero su olor y sus rumores aún le llegaban entre los barrotes de hierro. El patrón le trajo sardinas y después carne asada; Dahlmann las empujó con unos vasos de vino tinto. Ocioso, paladeaba el áspero sabor y dejaba errar la mirada por el local, ya un poco soñolienta. La lámpara de kerosén pendía de uno de los tirantes; los parroquianos de la otra mesa eran tres: dos parecían peones de chacra, otro, de rasgos achinados y torpes, bebía con el chambergo puesto. Dahlmann, de pronto, sintió un leve roce en la cara. Junto al vaso ordinario de vidrio turbio, sobre una de las rayas del mantel, había una bolita de miga. Eso era todo, pero alguien se la había tirado.

Los de la otra mesa parecían ajenos a él. Dahlmann, perplejo, decidió que nada había ocurrido y abrió el volumen de Las mil y una noches, como para tapar la realidad. Otra bolita lo alcanzó a los pocos minutos, y esta vez los peones se rieron. Dahlmann se dijo que no estaba asustado, pero que sería un disparate que él, un convaleciente, se dejara arrastrar por desconocidos a una pelea confusa. Resolvió salir; ya estaba de pie cuando el patrón se le acercó y lo exhortó con voz alarmada: —Señor Dahlmann, no les haga caso a esos mozos, que están medio alegres.

Dahlmann no se extrañó de que el otro, ahora, lo conociera, pero sintió que estas palabras conciliadoras agravaban, de hecho, la situación. Antes, la provocación de los peones era a una cara accidental, casi a nadie; ahora iba contra él y contra su nombre y lo sabrían los vecinos. Dahlmann hizo a un lado al patrón, se enfrentó con los peones y les preguntó qué andaban buscando.

El compadrito de la cara achinada se paró, tambaleándose. A un paso de Juan Dahlmann, lo injurió a gritos, como si estuviera muy lejos. Jugaba a exagerar su borrachera y esa exageración era una ferocidad y una burla. Entre malas palabras y obscenidades, tiró al aire un largo cuchillo, lo siguió con los ojos, lo barajó, e invitó a Dahlmann a pelear. El patrón objetó con trémula voz que Dahlmann estaba desarmado. En ese punto, algo imprevisible ocurrió.

Desde un rincón, el viejo gaucho extático, en el que Dahlmann vio una cifra del Sur (del Sur que era suyo), le tiró una daga desnuda que vino a caer a sus pies. Era como si el Sur hubiera resuelto que Dahlmann aceptara el duelo. Dahlmann se inclinó a recoger la daga y sintió dos cosas. La primera, que ese acto casi instintivo lo comprometía a pelear. La segunda, que el arma, en su mano torpe, no serviría para defenderlo, sino para justificar que lo mataran. Alguna vez había jugado con un puñal, como todos los hombres, pero su esgrima no pasaba de una noción de que los golpes deben ir hacia arriba y con el filo para adentro. "No hubieran permitido en el sanatorio que me pasaran estas cosas", pensó.

—Vamos saliendo —dijo el otro.

Salieron, y si en Dahlmann no había esperanza, tampoco había temor. Sintió, al atravesar el umbral, que morir en una pelea a cuchillo, a cielo abierto y acometiendo, hubiera sido una liberación para él, una felicidad y una fiesta, en la primera noche del sanatorio, cuando le clavaron la aguja. Sintió que si él, entonces, hubiera podido elegir o soñar su muerte, ésta es la muerte que hubiera elegido o soñado.

Dahlmann empuña con firmeza el cuchillo, que acaso no sabrá manejar, y sale a la llanura.

A.   ¿Qué recuerda Ud.?
No se dan respuestas.

Wording of answers will vary, but the following ideas should be expressed:

1. ¿Quién es el protagonista de este cuento?	El protagonista del cuento es Juan Dahlmann.
2. ¿Por qué tuvo que ir Dahlmann a un sanatorio?	Tuvo que ir al sanatorio por una herida en la frente.
3. ¿Adónde quiere ir Dahlmann al salir del sanatorio?	Quiere ir a su estancia, en el Sur.
4. Explique cómo termina el cuento.	Answers will vary.

B. Algo personal

No se dan respuestas.

1. ¿En qué se parece Juan Dahlmann al autor, Jorge Luis Borges?
2. ¿Qué prefiere usted: el campo o la ciudad? ¿Por qué?
3. ¿Alguna vez participó en una pelea? ¿Cómo empezó?

Answers will vary.

Trabalenguas

Escucha y repite.

El cielo está encapotado. ¿Quién lo desencapotará?
El desencapotador que lo desencapote, buen desencapotador será.

Éste es el fin de la sección ¡Viento en popa! del Capítulo 5.

Capítulo **6** De viaje

Vocabulario I

Vamos a planear un viaje

Escucha.

— ¿Debo pagar el viaje por adelantado?
— Sí, para que no haya malentendidos, debe pagarlo tan pronto como confirme la reserva.

— Nos gustaría ir a bucear al Parque Nacional Portobelo, pero no queremos gastar mucho. ¿Hay descuentos?
— Si viajan en septiembre, la tarifa es más baja, pero no pueden cancelar el viaje. Si quieren más detalles, pueden leer este folleto.

— No haga las reservas de hotel hasta que no tenga la confirmación de los pasajes de avión.

— No le podemos devolver el dinero. No aceptamos cancelaciones a último momento sin previo aviso.

1. **En la agencia de viajes**

   Escuche las siguientes oraciones. Indique qué frase o palabra completa correctamente cada oración para que su significado sea similar al de la oración que oye.

   1. Los pasajes hay que pagarlos con dos semanas de anticipación.   Los pasajes hay que pagarlos dos semanas antes.
   2. Los viajes en avión están sujetos a cambio a causa del mal tiempo.   Los viajes en avión pueden cambiar a causa del mal tiempo.
   3. La información del viaje incluye todos los detalles de la excursión.   La información del viaje incluye descripciones de la excursión.
   4. En la excursión, las personas atraviesan la selva tropical.   En la excursión, las personas cruzan la selva tropical.
   5. Para confirmar la reserva del hotel, hay que llamar a la agencia de viajes.   Para aceptar la reserva del hotel, hay que llamar a la agencia de viajes.
   6. El precio del hotel lleva un descuento del 10 por ciento.   El precio del hotel es 10 por ciento más barato.

Diálogo I

¿Tiene los pasajes?

Escucha.

ROSA: Venimos a buscar los pasajes para Panamá.
AGENTE: ¿Cuándo hicieron la reserva?
MARCOS: El lunes pasado...
AGENTE: Permítanme mirar la información en la computadora.

ROSA: ¿Tiene los pasajes?
AGENTE: No, aquí dice que ustedes no los confirmaron.
MARCOS: Claro que los confirmamos. Tan pronto como supimos que podíamos viajar, llamamos a la agencia para hacer la confirmación.

AGENTE: ¿Y pagaron los boletos?
ROSA: No, nos dijeron que hasta que no pasáramos a buscarlos no teníamos que pagarlos.
AGENTE: Creo que ha habido un malentendido... Pero no se preocupen, podemos hacer una nueva reserva.

3. **¿Qué recuerda Ud.?**

1. ¿Cuándo hicieron la reserva Rosa y Marcos?

   Hicieron la reserva el lunes pasado.

2. ¿Qué información da la computadora sobre los pasajes?

   En la computadora dice que Rosa y Marcos no confirmaron los pasajes.

3. ¿Qué hicieron Marcos y Rosa tan pronto como supieron que podían viajar?

   Tan pronto como supieron que podían viajar, llamaron a la agencia.

4. ¿Cuándo les dijeron que tenían que pagar los pasajes?

   Les dijeron que hasta que no los fueran a buscar no tenían que pagarlos.

5. ¿Qué dice el agente que ha habido?

   El agente dice que ha habido un malentendido.

4. **Algo personal**

   No se dan respuestas.

1. ¿Ha planeado alguna vez un viaje? ¿Adónde?

   Answers will vary.

2. ¿Ha tenido que cancelar algún viaje? ¿Cuándo?

3. Si tiene que viajar, ¿hace las reservas con una agencia de viajes?

4. ¿Ha tenido algún malentendido con alguien? Explique.

5. **Daniel y su viaje a Panamá**

   Escuche la siguiente historia. Después de cada párrafo va a oír dos preguntas. Escoja la mejor respuesta para cada una.

   Tan pronto como Daniel supo que podía viajar a Panamá en enero, llamó a la agencia de viajes y confirmó su reserva de los pasajes de avión. Todavía le faltaba hacer la reserva de hotel.

1. ¿Qué hizo Daniel tan pronto como supo que podía viajar a Panamá?   B

2. ¿Qué le faltaba hacer todavía a Daniel?   A

   Cuando Daniel llegó a la agencia de viajes, pagó los pasajes con cheques de viajero. Ese mismo día, eligió el hotel en donde se iba a quedar en Panamá. El hotel que eligió estaba al sur de la ciudad. Para llegar a su hotel debía atravesar toda la ciudad.

3. ¿Con qué pagó Daniel los pasajes?   B

4. ¿Qué debía hacer Daniel para llegar a su hotel en Panamá?   B

Si Daniel decidía cancelar su reserva de hotel, debía hacer su cancelación con anticipación. La agencia no le iba a dar su dinero si cancelaba la reserva sin previo aviso.

5. ¿Cuándo debía hacer Daniel su cancelación?   A

6. ¿Cómo perdería Daniel su dinero?   B

6. La historia en las calles de Panamá
Conteste las siguientes preguntas.

1. ¿Por qué dicen los panameños que Panamá es tres ciudades en una?
2. ¿Quién destruyó la Panamá Vieja y cuándo?
3. ¿Qué estilos se pueden ver en la Panamá Colonial?
4. ¿Adónde recomienda ir de compras la gente del lugar?
5. Si Ud. visitara Ciudad de Panamá, ¿a cuál de las tres zonas le gustaría más ir?

Porque hay una Panamá Vieja, una Panamá Colonial y una Panamá Moderna.
La destruyó el pirata Henry Morgan en 1671.
Se pueden ver los estilos español, francés e italiano.
La gente del lugar recomienda ir de compras a la Avenida Central
Answers will vary.

Vocabulario II

Retraso en el aeropuerto

Escucha.

— Los pasajeros con destino a Caracas deberán presentarse en la puerta de embarque número 5.

— ¿Oyes los truenos?
— Sí, tal vez haya un retraso en todos los vuelos a causa de la tormenta.

— Yo siempre me asusto cuando el avión se mueve. ¿Crees que habrá mucha turbulencia?
— Tienes que relajarte, Margarita.

— No puedo negar que siempre tengo miedo de volar cuando hay niebla.

— ¡Perderemos el avión si no se apuran!

— No creo que podamos embarcarnos si hace mal tiempo.

el relámpago
las nubes
el aguacero
la tarjeta de embarque
hacer fila

13. **No creo que...**

   Indique la letra de la foto que corresponde con lo que oye.

   1. No creo que el aguacero sea muy fuerte.   D
   2. No estoy seguro de que podamos subir al   C
      avión sin la tarjeta de embarque.
   3. Creo que habrá mucha gente haciendo fila.   F
   4. Es peligroso conducir cuando hay niebla.   B
   5. Mira las nubes. ¿Crees que hará mal tiempo?   E
   6. Nos asustamos mucho porque había muchos
      relámpagos.   A

Diálogo II

No creo que haya tormenta

Escucha.

MARCOS: ¿Sabes cuál es nuestro número de vuelo, Rosa?
ROSA: No. Es mejor que nos fijemos en la pantalla de información.
MARCOS: Aquí está. Es el vuelo 137... pero dice que está retrasado.

ROSA: ¿Por qué estará retrasado? No creo que haya tormenta.
MARCOS: Todavía no está lloviendo, pero dijeron en las noticias que habrá un gran aguacero a la hora que sale nuestro avión.

ROSA: ¡Yo no quiero embarcarme si hay una tormenta!
MARCOS: Relájate, Rosa. No tienes que asustarte. Piensa que el avión no saldrá hasta que pare la tormenta.
ROSA: Tienes razón.

15. ¿Qué recuerda Ud.?

1. ¿Qué sucede con el vuelo 137?
   Está retrasado.
2. ¿Qué dijeron en las noticias?
   Dijeron que habrá un gran aguacero a la hora que sale el avión.
3. ¿Qué no quiere hacer Rosa si hay tormenta?
   No quiere embarcarse si hay tormenta.
4. ¿Cuándo saldrá el avión?
   El avión saldrá cuando pase la tormenta.

16. Algo personal
No se dan respuestas.

1. ¿Viajó alguna vez en avión durante una tormenta? ¿Cómo fue el viaje?
   Answers will vary.
2. ¿Puede relajarse mientras viaja en avión o se pone nervioso?
3. ¿Qué siente cuando hay turbulencias en el avión?
4. ¿Qué hace si su avión está retrasado?
5. ¿Perdió alguna vez un avión porque llegó tarde? ¿Qué hizo entonces?

17. En el aeropuerto
Escuche los siguientes anuncios en un aeropuerto. Diga a qué foto corresponde cada uno.

1. Los aviones estarán retrasados debido al aguacero.
   D
2. Todos los pasajeros deberán hacer fila para obtener la tarjeta de embarque.
   C
3. El pasajero que perdió el vuelo tendrá que correr para embarcarse en el vuelo siguiente.
   B
4. Los pasajeros del vuelo 14 a Panamá ya están subiendo al avión.
   A

18. La tierra de los kuna
Conteste las siguientes preguntas.

1. ¿Qué es San Blas? ¿Dónde está?
   San Blas es un archipiélago de Panamá. Está en el mar Caribe.
2. ¿Quiénes viven en San Blas?
   En San Blas viven los indios kuna.
3. ¿Cómo llaman al archipiélago los kuna?
   Los kuna llaman al archipiélago Kunayala.
4. ¿Cómo visten las mujeres kuna?
   Las mujeres kuna visten la ropa tradicional: falda y blusa decorada con la *mola*.
5. ¿De qué viven los kuna?
   Los kuna viven de los cocos y de la pesca.

27. Opiniones diferentes

Exprese opiniones diferentes sobre las siguientes situaciones usando el futuro y el subjuntivo con expresiones de duda.

MODELO **A:** El cielo está nublado y oyen truenos. ¿Lloverá?
   B: No creo que llueva.

1. En una tienda del centro ven una camiseta que les gusta mucho. ¿Costará mucho?

   No creo que cueste mucho.

2. Su profesora le hace una pregunta a una de sus compañeras que parece muy nerviosa. ¿Sabrá la respuesta?

   No creo que sepa la respuesta.

3. Tienen una cita con un amigo a las tres, pero se olvidaron el reloj. ¿Serán las tres?

   No creo que sean las tres.

4. Están en el teatro y la obra es muy larga y aburrida. ¿Terminará pronto?

   No creo que termine pronto.

5. Se levantan para ir a la escuela. Cuando miran por la ventana ven que hay mucha nieve en las calles. ¿Habrá clases hoy?

   No creo que haya clases hoy.

Lectura Cultural

La historia del Canal de Panamá

Escucha.

Desde que en 1501 los exploradores españoles Rodrigo de Bastidas y Vasco Núñez de Balboa, acompañados por el cartógrafo Juan de la Cosa, llegaron al Istmo de Panamá, se había estado buscando una manera de unir el océano Atlántico con el Pacífico.

Pero la verdadera historia del canal no comenzó hasta 1821, con la creación del Departamento del Istmo, una provincia que pertenecía entonces a la Gran República de Colombia. En 1878, el gobierno colombiano autorizó a Francia la construcción del canal. Las obras las comenzó el ingeniero Ferdinand de Lesseps, que había creado con gran éxito el Canal de Suez. Lesseps contrató trabajadores de África, Asia y Latinoamérica y empezó las excavaciones, en un terreno lleno de montañas y zonas pantanosas. Pero después de casi siete años de trabajo, debido a los altos costos, a la contratación continua de trabajadores (más de 18.000 trabajadores murieron, a causa de enfermedades y accidentes) y a la dificultad del trabajo, la compañía de Lesseps se declaró en quiebra. En 1903, el Departamento del Istmo, con el apoyo de Estados Unidos, consiguió su independencia de Colombia: así nació Panamá. Estados Unidos conservó los derechos sobre la zona de tierra de construcción del canal.

El primer barco que cruzó el Canal de Panamá fue el *Ancon,* que tardó diez horas en llegar de la *Bahía Limón, en el Atlántico,* hasta la *Bahía de Panamá, en el Pacífico,* el 15 de agosto de 1914. Desde entonces, más de medio millón de barcos han cruzado el canal. Hoy día se calcula que por él pasan 10.000 barcos al año.

30. ¿Qué recuerda Ud.?

1. ¿Por qué se quería construir un canal en el istmo?

   Porque se quería unir el océano Atlántico con el Pacífico.

2. ¿Cuándo empezó la verdadera historia del canal?

   Empezó con la creación del Departamento del Istmo.

3. ¿A quién se encargó por primera vez la construcción del canal? ¿Por qué era famoso este ingeniero?

   Se encargó a Ferdinand de Lesseps. Era famoso porque había construido el Canal de Suez.

4. ¿Cuánto tardó el *Ancon* en cruzar el canal?

   El *Ancon* tardó diez horas en cruzar el canal.

31. Algo personal
No se dan respuestas.

1. ¿Hay un canal cerca de donde Ud. vive? Si es así, ¿cómo se llama?

   Answers will vary.

2. ¿Le gustaría visitar el Canal de Panamá? ¿Por qué sí o por qué no?

Éste es el fin de la Lección A del Capítulo 6.

Lección B

Vocabulario I

¿Dónde nos alojamos?

Escucha.

— Hicimos una reserva a nombre de Roldán e incluimos un cheque con el depósito. ¿Estaría ya disponible la habitación?
— Sí, firmen el registro por favor y enseguida pueden subir a su habitación.

— ¿No te gustaría alojarte en un albergue juvenil? Es más barato.
— No, esta vez preferiría quedarme en un hotel porque tiene más servicios y el precio de la habitación incluye el desayuno.

— Preferiría un colchón más firme. No puedo dormir bien cuando el colchón es blando.

— ¿Qué servicios tiene el hotel?
— Tiene lavandería, cancha de tenis y piscina.

el conserje
la cama doble
la bañera
la cama sencilla

- La habitación da a las montañas de San José.

1. **En el hotel**
   Indique la letra de la foto que corresponde con lo que oye.

   1. Mis padres dormirían en la cama   D
      doble.
   2. Me gustaría jugar en la cancha de tenis   C
      del hotel.
   3. Había mucha gente en el albergue   F
      juvenil de la ciudad.
   4. A María le encantaría bañarse en la   E
      bañera de la habitación.
   5. El conserje trabaja en la recepción del   B
      hotel.
   6. ¿Tendría disponible una habitación   A
      con dos camas sencillas?

Diálogo I

En el albergue juvenil

Escucha.

ANA: ¿Tendría una habitación disponible para esta noche?
CONSERJE: Habría una cama disponible en una habitación para seis personas.
ANA: ¿No tiene habitaciones sencillas?
CONSERJE: No, éste es un albergue juvenil.

ANA: ¿Y qué servicios tiene el albergue?
CONSERJE: Tiene servicios de lavandería y cafetería.
ANA: ¿Cuánto costaría la noche?
CONSERJE: Costaría 3.300 colones.
ANA: ¿Incluiría el desayuno?
CONSERJE: Por supuesto que no.

ANA: ¿Y con quién compartiría la habitación?
CONSERJE: Con otras cinco muchachas de Nicaragua.
ANA: ¿Y adónde daría la habitación?
CONSERJE: La habitación daría al jardín... Señorita, ¿nunca ha estado en un albergue juvenil?

3. ¿Qué recuerda Ud.?

1. ¿Qué le pregunta Ana al conserje?

   Le pregunta si tendría una habitación disponible para esa noche.

2. ¿Por qué no hay habitaciones sencillas?

   No hay habitaciones sencillas porque es un albergue juvenil.

3. ¿Qué servicios tiene el albergue?

   El albergue tiene servicio de lavandería y cafetería.

4. ¿Con quién compartiría Ana la habitación?

   Compartiría la habitación con cinco muchachas de Nicaragua.

5. ¿Adónde daría la habitación?

   La habitación daría al jardín.

4. Algo personal
No se dan respuestas.

1. ¿Ha estado alguna vez en un albergue juvenil?

   Answers will vary.

2. ¿Le gusta alojarse en hoteles cuando viaja?

3. ¿Qué servicios prefiere que tenga un hotel?

5. ¿Qué prefieren?
Escuche lo que dicen Alicia y David acerca de dónde les gusta alojarse cuando viajan. Complete una tabla como la siguiente con los datos que oye. No se dan respuestas.

1. Alicia prefiere alojarse en un hotel cuando va de vacaciones con su familia. A ella le gustan los hoteles con servicio de lavandería y canchas de tenis. Como no quiere compartir su habitación con su hermano, siempre escoge dormir en una habitación sencilla. También prefiere que el colchón de su cama sea blando, así puede dormir más cómoda. La habitación perfecta para Alicia sería una que diera al mar.

   Alicia: hotel, familia, servicio de lavandería y canchas de tenis, habitación individual con colchón blando, una que diera al mar

2. David siempre se aloja en albergues juveniles cuando viaja con amigos. Le gustan los albergues que tienen cafetería. A él no le importa compartir la habitación con muchos amigos, pero prefiere dormir en habitaciones dobles con menos personas. Le gusta que el colchón de la cama sea duro porque dice que es bueno para la espalda. La habitación perfecta para David sería una que diera a las montañas.

   David: albergue juvenil, amigos, cafetería, habitación doble con cama dura, una que diera a las montañas

6. Un volcán para el estudio
Conteste las siguientes preguntas.

1. ¿Cuándo se "despertó" el volcán Arenal?

   Se despertó en 1968.

2. ¿Qué quiere decir que el volcán está "activo"?

   Quiere decir que tiene erupciones.

3. ¿Qué se puede ver cuando hay erupciones?

   Se pueden ver columnas de humo, explosiones y riachuelos de brillante lava roja.

4. ¿Por qué la zona del volcán Arenal tiene interés científico?

   Wording of answers will vary but should reflect the following idea: Porque el volcán tiene erupciones frecuentes y porque muy cerca, en el lago Arenal, se produce mucha energía hidroeléctrica.

5. ¿Le gustaría visitar el volcán Arenal? ¿Por qué?

   Answers will vary.

7. Soñar no cuesta nada

Laura está soñando con ir de vacaciones a Costa Rica. Para saber qué le gustaría hacer, forme oraciones con el condicional de los verbos en infinitivo.

MODELO yo / escoger un hotel de lujo
Yo escogería un hotel de lujo.

1. gustarme / ir a la playa Naranjo

   Me gustaría ir a la playa Naranjo.

2. yo pedir / una habitación doble

   Yo pediría una habitación doble.

3. la habitación / ser muy elegante / y dar al mar

   La habitación sería muy elegante y daría al mar.

4. yo / pagar por adelantado

   Yo pagaría por adelantado.

5. quedarme / en Limón por un mes

   Me quedaría en Limón por un mes.

6. mis amigos / venir a visitarme

   Mis amigos vendrían a visitarme.

7. el clima / ser estupendo y siempre / haber sol

   El clima sería estupendo y siempre habría sol.

8. nosotros / ir a la playa Puntarenas / y bañar en el mar todos los días

   Nosotros iríamos a la playa Puntarenas y nos bañaríamos en el mar todos los días.

9. nosotros / comer mariscos todos los días

   Nosotros comeríamos mariscos todos los días.

10. ¡todos nosotros / pasarlo muy bien!

    ¡Todos nosotros lo pasaríamos muy bien!

Vocabulario II

Vamos de excursión

Escucha.

— Mira lo que descubrí, mamá. Es un oso perezoso.

— Esta reserva natural es un refugio de vida silvestre. Cuiden su flora y su fauna.

— Me disgusta que la gente no cuide el medio ambiente.

— Me fastidia que no podamos bucear.

— Me sorprende que el agua sea tan clara.

el tucán
el quetzal
la mariposa
las orquídeas
navegar por rápidos
la balsa
el jaguar
la cabalgata

13. **En el refugio de vida silvestre**
    Escuche las frases y diga a qué foto corresponde cada una.

1. Me alegra que vayamos de cabalgata por el parque.   E
2. El tucán es un pájaro que vive en la selva tropical.   D
3. En Costa Rica, navegué por los rápidos con mis amigos.   A
4. En la reserva natural había muchas orquídeas que crecían bajo   F
   los árboles.
5. En el refugio de vida silvestre observamos mariposas de   B
   muchos colores.
6. El guía descubrió un oso perezoso en un árbol.   C

Diálogo II

¡Temo que nos perdamos en la selva!

Escucha.

ANA: Leo, ¿estás seguro que sabes dónde está la oficina del refugio de vida silvestre?
LEO: Sí, está al final de este sendero.
DÉBORA   Pero este sendero va por la selva. ¡Temo que nos perdamos en la selva!
ANA: ¿No hay otra forma de llegar?

LEO:	Tranquilas, muchachas. No creo que nos perdamos. Yo tengo un mapa.
DÉBORA:	¿Y si en el camino nos encontramos con un jaguar?
ANA:	¿O un oso perezoso?
LEO:	No se preocupen, yo las protejo.

ANA:	¿Cómo nos vas a proteger tú, si hasta las mariposas te dan miedo?
LEO:	Me fastidia que exageres, Ana.
ANA:	No exagero. Es la verdad... Ya verás cómo nosotras somos las que te protegemos a ti.

15. ¿Qué recuerda Ud.?

1. ¿Dónde está la oficina del refugio de vida silvestre?

   La oficina del refugio de vida silvestre está al final del sendero.

2. ¿Por dónde va el sendero?

   El sendero va por la selva.

3. ¿Qué teme Débora que les pase?

   Teme que se pierdan en la selva.

4. ¿Qué va a hacer Leo si en el camino se encuentran con un jaguar?

   Va a proteger a Ana y Débora.

5. ¿Qué le da miedo a Leo?

   Las mariposas le dan miedo a Leo.

6. ¿Qué le fastidia a Leo?

   La fastidia que Ana exagere.

16. Algo personal
No se dan respuestas.

1. ¿Estuvo alguna vez en un parque nacional? ¿Dónde?

   Answers will vary.

2. ¿Qué animales y plantas se pueden ver en un parque nacional?

3. ¿Se perdió alguna vez en un bosque u otro lugar de la naturaleza?

4. ¿Navegó alguna vez por rápidos o fue de cabalgata?

17. **¿Qué me recomienda?**

Escuche las oraciones y diga si cada una se refiere a una situación en un parque nacional o en una ciudad.

1. Me fastidia que no se pueda bucear en el lago.

parque nacional

2. Es difícil proteger el aire cuando existen tantos coches y autobuses.

ciudad

3. Sólo las personas mayores de 18 años podrán navegar en los rápidos.

parque nacional

4. ¿Viste el jaguar detrás de esa montaña de rocas?

parque nacional

5. Hace poco, descubrieron quiénes vivieron en el antiguo edificio de la plaza central de San José.

ciudad

6. Me complace que podamos observar la naturaleza mientras vamos de cabalgata.

parque nacional

18. **La playa de las tortugas**

Conteste las siguientes preguntas.

1. ¿Cuándo llegan las tortugas a Tortuguero?

Llegan en los meses de verano (de julio a septiembre).

2. ¿Por qué comienzan su viaje las tortugas?

Porque no encuentran su alimento donde viven.

3. ¿Qué hace la hembra después de aparearse?

Va a la playa para preparar el nido.

4. ¿Qué hace la hembra después de poner los huevos?

Tapa los huevos con arena y vuelve al mar.

5. ¿Cuánto tiempo tardan las tortuguitas en salir del huevo?

Las tortuguitas tardan dos meses en salir del huevo.

21. ¿ Cómo reacciona Ud.?

Ud. está caminando en San José, Costa Rica, cuando se encuentra con un amigo. Reaccione a las noticias que le da, usando verbos que expresan emoción y una forma del subjuntivo. No se dan respuestas.

> MODELO   Ya hace seis años que vivo en San José.
> Me sorprende que vivas aquí.

Answers will vary, but should contain the following subjunctives:

1. Trabajo en una agencia de viajes y estoy muy contenta.   trabajes/estés

2. Organizo excursiones a las reservas naturales.   organices

3. Tengo muchos amigos y soy muy feliz en Costa Rica.   tengas/seas

4. Viajo por toda América Central y me encanta.   viajes/te encante

5. Extraño a mis hermanos y a mi familia.   extrañes

6. Voy a ir a estudiar a la Universidad de Costa Rica.   vayas

7. Aquí hay cursos muy interesantes sobre la protección del medio ambiente.   haya

8. No quiero volver a los Estados Unidos.   quieras

Lectura personal

Recuerdos de San José

Escucha.

Querida Lucía,
Saludos desde San José, Costa Rica.

    Éste es un país hermosísimo. Nunca había visto una vegetación tan variada ni tantos animales diferentes. Nuestro guía dice que es porque hay influencias del Pacífico y del Caribe, y porque su geografía, llena de volcanes y valles, crea muchos microclimas distintos. ¡Y todo eso en un país tan pequeño que se puede recorrer de un lado a otro en sólo unas horas!

    Una tercera parte de la geografía de Costa Rica está protegida. Hay muchos parques nacionales y muchos centros dedicados al estudio de la biodiversidad costarricense. ¡Es fascinante! El tiempo cambia mucho. A veces llueve muchísimo y otras hace sol y calor. Y cuando visitamos el volcán Poas, que tiene 2.700 metros de altura, tuvimos que ponernos ropa de abrigo.

    Además, la gente del país, que se llaman a ellos mismos "ticos", por su forma de hablar, son muy amables. Todo el mundo quiere ayudarte o enseñarte cosas cuando ven que eres un turista. Y, claro, ¡a mí me descubren enseguida, porque siempre estoy mirando el mapa o la guía! Un día tenemos que hacer un viaje a Costa Rica las dos juntas. Te va a gustar mucho.

Hasta pronto,
Alicia

25. ¿Qué recuerda Ud.?

1. ¿Por qué cree Alicia que Costa Rica es hermosísima?
   Porque hay una gran variedad de vegetación y de animales.
2. ¿Qué razón le da el guía a la gran variedad de plantas y animales?
   Porque hay influencias del Pacífico y del Caribe, y porque la geografía variada crea muchos microclimas.
3. ¿Cómo es el clima en Costa Rica?
   El clima cambia según la zona.
4. ¿Cómo describe Alicia a los costarricenses?
   Dice que son muy amables y que siempre quieren ayudar.
5. ¿Le gustaría visitar Costa Rica? ¿Por qué?
   Answers will vary.

26. Algo personal
No se dan respuestas.

1. ¿Ha visitado alguna vez un parque nacional? Si es así, ¿qué parque visitó? ¿Qué animales o plantas vio allí?
   Answers will vary.
2. Si Ud. va a Costa Rica algún día, ¿qué cree que le sorprenderá más? ¿Por qué?

Éste es el fin de la Lección B del Capítulo 6.

¡Viento en popa!

Ud. lee

En una tempestad

Escucha.

Huracán, huracán, venir te siento,
y en tu soplo abrasado
respiro entusiasmado
del señor de los aires el aliento.
En las alas del viento suspendido
vedle rodar por el espacio inmenso,
silencioso, tremendo, irresistible,
en su curso veloz. La tierra en calma,
siniestra, misteriosa,
contempla con pavor su faz terrible.
¿Al toro no miráis? El suelo escarban
de insoportable ardor sus pies heridos:
la frente poderosa levantando,
y en la hinchada nariz fuego aspirando,
llama la tempestad con sus bramidos.
¡Qué nubes! ¡Qué furor! El sol temblando

vela en triste vapor su faz gloriosa,
y su disco nublado sólo vierte
luz fúnebre y sombría,
que no es noche ni día...
¡Pavoroso color, velo de muerte!
Los pajarillos tiemblan y se esconden
al acercarse el huracán bramando,
y en los lejanos montes retumbando
le oyen los bosques, y a su voz responden.
Llega ya... ¿No lo veis? ¡Cuál desenvuelve
su manto aterrador y majestuoso!...
¡Gigante de los aires, te saludo!...
En fiera confusión el viento agita
las orlas de su parda vestidura... ¡Ved! ...
¡En el horizonte los brazos; rapidísimos
enarca, y con ellos abarca

cuanto alcanzo a mirar de monte a monte!
¡oscuridad universal!... ¡Su soplo
levanta en torbellinos
el polvo de los campos agitado!...
En las nubes retumba despeñado
el carro del Señor, y de sus ruedas
brota el rayo veloz, se precipita,
hiere y aterra el suelo,
y su lívida luz inunda el cielo.
¡Qué rumor! Es la lluvia ... Desatada
cae a torrentes, oscurece al mundo,
y todo es confusión, horror profundo.
Cielo, nubes, colinas, caro bosque,
¿dó estáis?... Os busco en vano:
desaparecisteis... La tormenta umbría

en los aires revuelve un océano
que todo lo sepulta...
Al fin, mundo fatal, nos separamos:
el huracán y yo solos estamos.
¡Sublime tempestad! ¡Cómo en tu seno,
de tu solemne inspiración henchido,
al mundo vil y miserable olvido
y alzo la frente, de delicia lleno!
¿Dó está el alma cobarde
que teme tu rugir?... Yo en ti me elevo
al trono del Señor; oigo en las nubes
el eco de su voz; siento a la tierra
escucharle y temblar. Ferviente lloro
desciende por mis pálidas mejillas,
y su alta majestad trémulo adoro.

A. **¿Qué recuerda Ud.?**

No se dan respuestas.

Wording of answers will vary, but the
following ideas should be expressed.
1. ¿Qué se describe en este poema?
2. ¿Qué hace el narrador?

3. ¿Qué siente el narrador al observar la
    tempestad?
4. ¿Qué efectos cree Ud. que consigue el
    poeta?

Se describe una tempestad.
El narrador observa la tempestad y la
naturaleza.
Siente alegría y emoción.

Answers will vary.

B. **Algo personal**

No se dan respuestas.

1. ¿Alguna vez vio una tempestad como
    la que describe Heredia? ¿Cómo fue?
2. ¿Qué tipo de climas prefiere Ud.?
    ¿Por qué?
3. Imagine que está con Heredia viendo
    esta tempestad. ¿Cómo se siente?
    ¿Cómo le afecta la tempestad?

Answers will vary.

Trabalenguas

Escucha y repite.

Contigo entro un tren con trigo; un tren con trigo contigo entro.

Éste es el fin de la sección ¡Viento en popa! del Capítulo 6.

Capítulo 7 Buen provecho

Lección A

Vocabulario I

En el mercado

Escucha.

— Necesito una bolsa de 100 gramos de orégano.
— El orégano cuesta 2 bolivianos la bolsa.

— Estas espinacas están podridas. Además son carísimas.

— Este damasco está un poco agrio. Creo que todavía está verde.
— No, señora, están maduros. Mis frutas son las más sabrosas del mercado.

— Los frijoles son tan buenos como los garbanzos. No estoy segura qué comprar.

el perejil
el puesto de condimentos
el orégano
las espinacas
el choclo
el puesto de verduras
el repollo
los ajíes
el puesto de fruta
los damascos
las cerezas
los frijoles
las lentejas
los garbanzos

1. **De compras**
   Indique la letra de la foto que corresponde con lo que oye.

   1. Yo no como tantas cerezas como tú.   E
   2. Las espinacas son sabrosísimas.   D
   3. Estos ajíes son picantísimos.   A
   4. Los damascos son las frutas más ricas de todas.   F
   5. Los choclos del mercado de tu casa son mejores que los del   B
      mercado de mi casa.
   6. El repollo que compré está podrido.   C

Diálogo I

Estas manzanas son carísimas

Escucha.

VENDEDOR:	¿Le puedo ayudar, señorita?
EVA:	Sí, necesito medio kilo de cerezas. ¿Están maduras?
VENDEDOR:	Sí, y muy sabrosas también. ¿Quiere probarlas?
EVA:	Gracias. Tiene razón, están sabrosísimas.
VENDEDOR:	¿Qué otra cosa necesita?
EVA:	¿Cuánto cuestan las manzanas?
VENDEDOR:	Cuestan 3 bolivianos el kilo.
EVA:	Uy, están carísimas.
EVA:	Y los damascos, ¿a qué precio están?
VENDEDOR:	A 2 bolivianos el kilo, pero están un poco verdes. Los duraznos están mejor que los damascos.
EVA:	Muy bien, déme un kilo y medio y póngalos en una bolsa.

3. ¿Qué recuerda Ud.?

1. ¿Cómo están las cerezas?   Las cerezas están maduras y sabrosísimas.
2. ¿Cuánto cuestan las manzanas?   Las manzanas cuestan 3 bolivianos el kilo.
3. ¿Cómo están los damascos?   Los damascos están un poco verdes.
4. ¿Cómo están los duraznos?   Los duraznos están mejor que los damascos.
5. ¿Cuántos kilos de duraznos compra Eva?   Eva compra un kilo y medio de duraznos.

4. Algo personal
No se dan respuestas.

1. ¿Va Ud. al mercado? ¿Qué le gusta comprar allí?   Answers will vary.
2. ¿Qué prefiere: las frutas o las verduras? ¿Por qué?
3. ¿Le gusta la comida picante?
4. ¿Cuál es el condimento que más le gusta?
5. ¿Cuál es para Ud. la comida más sabrosa? ¿Por qué?

5. Las compras de Leticia

Escuche los siguientes diálogos. Escriba en una hoja lo que compra Leticia en el primer puesto del mercado y lo que compra en el segundo puesto. Complete una tabla como la siguiente con los datos. No se dan respuestas.

1. En el primer puesto:
   LETICIA: Buenos días, necesito una bolsa de lentejas y otra de garbanzos.
   VENDEDOR: Muy bien. ¿Alguna otra cosa?
   LETICIA: Sí, ¿tiene orégano?
   VENDEDOR: Claro... ¿Qué más necesita?
   LETICIA: ¿Cuánto cuesta el perejil?
   VENDEDOR: Cuesta 1 boliviano la bolsa.
   LETICIA: Es baratísimo. Déme dos bolsas.

   Primer puesto: lentejas, garbanzos, orégano, perejil

2. En el segundo puesto:
   LETICIA: Quiero un kilo de cerezas.
   VENDEDOR: ¿Qué más?
   LETICIA: Medio kilo de espinacas y dos choclos.
   VENDEDOR: ¿Alguna otra cosa?
   LETICIA: ¿Cuál es la fruta más sabrosa que vende?
   VENDEDOR: Los damascos.
   LETICIA: Déme entonces dos kilos.

   Segundo puesto: cerezas, espinacas, choclos, damascos

6. La leyenda del Carnaval de Oruro

Conteste las siguientes preguntas.

1. ¿Qué premio ganó el Carnaval de Oruro?

   Ganó el premio de Patrimonio Oral e Intangible de la Humanidad.

2. ¿Quién era Huari?

   Huari era el dios de la cordillera.

3. ¿Por qué quería castigar Huari a los urus?

   Porque los urus querían hacer el bien.

4. ¿Qué animales envió Huari para castigar a los urus?

   Les envio una serpiente, un sapo, hormigas y un lagarto.

5. ¿Quién defendió finalmente a los urus?

   Ñusta los defendió.

6. ¿Cómo recuerdan la leyenda en Oruro durante el carnaval?

   La recuerdan con bailes en los que representan a los animales y a Huari.

12. La familia y los amigos

Pregúntele a su compañero sobre sus familiares y amigos. No se dan respuestas.

MODELO   **A:** ¿Quién es el mayor de tus hermanos?
         B: Mi hermano Daniel es el mayor de todos.

1. ¿Cuál es el más alto de tus amigos?
2. ¿Quién es el menor de tu grupo de amigos?
3. ¿Quién es la persona de tu familia que cocina mejor?
4. ¿Y la que cocina peor?
5. ¿Cuál de tus amigos tiene más hermanos?
6. ¿Quién es la persona más joven de tu familia?

Answers will vary, but they should show adequate comprehension and use of the superlative.

Vocabulario II

Una receta

Escucha.

— ¿Cómo se hace la carne al horno?
— La carne se asa en el horno con las papas y los dientes de ajo.

— ¿Cómo se hace el arroz con queso?
— Primero, se hierve un litro de agua. Después, se le agrega el arroz y se lo deja cocer por veinte minutos.
— Cuando el arroz está cocido, se le agrega la leche.
— Se deja enfriar el arroz. Después, se mezcla el queso con el arroz.

— ¿Ya están listas sus galletas?
— Todavía no. Se me olvidó revolver la harina con las yemas de huevo.
— Y yo estoy batiendo las claras de huevo.
— Ahora tenemos que hornear las galletas por treinta minutos.

17. **Tarta de queso**

Escuche la siguiente receta de cocina. Coloque los pasos en el orden que corresponda según lo que oye. No se dan respuestas.

Receta para hacer una tarta de queso:
En un recipiente, se mezclan media taza de harina, media taza de leche y tres cuartos de taza de azúcar y se revuelven bien. Se agrega medio kilo de queso blanco y el jugo de un limón. Se baten todos los ingredientes y se colocan en una asadera. Se hornea por 30 minutos. Se deja enfriar y se sirve como postre.

A. Se hornea por 30 minutos.   C, F, D, B, A, E
B. La mezcla se coloca en una asadera.
C. Se mezclan la harina, la leche y el
   azúcar.
D. Se baten todos los ingredientes de la
   receta.
E. Se deja enfriar.
F. Se agrega el queso y el limón.

Diálogo II

¡Ay, se me cayó el plato!

Escucha.

EVA:	¿Tenemos todos los ingredientes para hacer picadillo?
RUBÉN:	Creo que sí. ¿Qué se hace primero?
EVA:	Se pica la carne y se pone a freír en una sartén con un poco de aceite y sal.

RUBÉN:	¿Qué se hace con las papas?
EVA:	Las papas tienen que ser peladas y cortadas en pedazos pequeños... ¿Dónde están las cebollas?
RUBÉN:	Las puse en ese plato, ya están picadas.
EVA:	Tráemelas, por favor.

RUBÉN:	¡Ay, se me cayó el plato!
EVA:	Debes ser más cuidadoso, Rubén.
RUBÉN:	Lo siento. Voy a picar otras cebollas.
EVA:	Apúrate. La carne ya está hecha y debo mezclarla con las cebollas y los dientes de ajo.

20. ¿Qué recuerda Ud.?

1. ¿Qué se hace primero en la receta para hacer picadillo?

   Se pica la carne y se pone a freír en una sartén con un poco de aceite y sal.

2. ¿Qué se hace con las papas?

   Se pelan y se cortan en pedazos pequeños.

3. ¿Qué hizo Rubén con las cebollas?

   Las puso en un plato.

4. ¿Por qué debe Rubén apurarse para picar las cebollas?

   Porque la carne ya está hecha y Eva debe mezclarla con las cebollas y los dientes de ajo.

21. Algo personal
No se dan respuestas.

1. ¿Ayuda a cocinar a su madre u a otro familiar?

   Answers will vary.

2. ¿Le gusta a Ud. cocinar? ¿Qué comidas cocina?

3. ¿Sabe la receta de alguna comida? ¿Cuál?

4. ¿Qué es lo que más le gusta hacer cuando cocina? ¿Por qué?

22. En la cocina

Escuche los siguientes diálogos y escoja la palabra o frase que completa correctamente cada oración según lo que oye.

1. A: ¿Podemos comer el pastel ahora?
   B: No, hay que esperar a que se enfríe.

   El pastel debe ser enfriado para poderlo comer.

2. A: ¿Cuánto tiempo debo batir los huevos con la batidora?
   B: Los huevos deben ser batidos por cinco minutos.

   Se baten los huevos por cinco minutos.

3. A: ¿Qué se usa para batir los ingredientes?
   B: Se usa la batidora.

   Se baten los ingredientes con una batidora.

4. A: ¿Te acordaste de freír las papas?
   B: Sí, las freí en la sartén.

   Las papas se fríen en la sartén.

5. A: ¿El pollo ya fue asado?
   B: Sí, lo asé esta mañana en una asadera.

   El pollo fue asado en una asadera.

6. A: ¿Qué hay que hacer con los ingredientes que están en el recipiente?
   B: Los ingredientes deben ser revueltos con mucho cuidado.

   Se revuelven los ingredientes con mucho cuidado.

23. La buena yuca

Conteste las siguientes preguntas.

1. ¿Qué es la yuca y de dónde viene?

   La yuca es una planta de la familia de las papas que viene de los Andes.

2. ¿Qué se hace con las hojas de la yuca?

   Se hace una harina rica en proteínas.

3. ¿Cuál es la parte de la yuca que se come?

   Se come la raíz.

4. ¿Por qué fue importante la yuca en la Primera Guerra Mundial?

   Se importó harina de yuca a Europa para hacer pan.

5. ¿Qué expresión usan los bolivianos para decir que alguien es muy delgado?

   Es flaco como un jipuri.

24. La comida fue preparada por todos

Los estudiantes de la escuela de cocina están todos muy ocupados. Diga quién preparó cada cosa. Use la voz pasiva.

> **MODELO**   Ricardo hirvió el agua.
> El agua fue hervida por Ricardo.

1. Juanita preparó el arroz.

   El arroz fue preparado por Juanita.

2. Esteban y Carlos pelaron las papas.

   Las papas fueron peladas por Esteban y Carlos.

3. Mi hermana picó el ajo.

   El ajo fue picado por mi hermana.

4. La profesora encendió el horno.

   El horno fue encendido por la profesora.

5. Rosario asó las papas.

   Las papas fueron asadas por Rosario.

6. Ramiro y Paula cortaron las cebollas en pedazos pequeños.

   Las cebollas fueron cortadas por Ramiro y Paula.

7. Maribel batió las claras de huevo.

   Las claras de huevo fueron batidas por Maribel.

8. Rosario y Carlos lavaron las verduras.

   Las verduras fueron lavadas por Rosario y Carlos.

31. Instrucciones de cocina

Complete estas instrucciones de cocina usando el pronombre *se* y la voz pasiva. Siga el modelo.

> **MODELO**   primero / hervir / el agua
> Primero se hierve el agua.

1. después / lavar / las verduras

   Después se lavan las verduras.

2. cortar / el tomate en pedazos pequeños

   Se corta el tomate en pedazos pequeños.

3. picar / el ajo con cuidado

   Se pica el ajo con cuidado.

4. poner / aceite y vinagre a la ensalada

   Se pone aceite y vinagre a la ensalada.

5. batir / las claras sin las yemas

   Se baten las claras sin las yemas.

6. colocar / los huevos en una sartén

   Se colocan los huevos en una sartén.

7. no agregar / sal

   No se agrega sal.

8. cocinar / las papas lentamente

   Se cocinan las papas lentamente.

Lectura Cultural

Las dos capitales de Bolivia

Escucha.

Bolivia es un país muy especial. Además de ser el país con mayor población indígena de Sudamérica, es el único que tiene dos capitales. Sucre es la capital judicial, donde está el Tribunal Supremo, y La Paz es la capital administrativa, donde está el gobierno. Las dos capitales tienen su propio encanto.

Sucre, por su arquitectura colonial y su gran cantidad de museos e iglesias, es una ciudad bellísima. Esta capital, llamada "la ciudad blanca", por el color de muchos de sus edificios, también es famosa por su ambiente juvenil y su vida nocturna. En Sucre hay un lugar muy curioso: la fuente de Inisterio. Dicen que quien bebe sus aguas se vuelve muy inteligente, pero si bebe demasiada agua, se puede volver loco.

La Paz es la ciudad más grande de Bolivia. Está situada a 3650 metros de altura sobre el nivel del mar y es por eso que muchos la llaman "la ciudad que toca el cielo". Pero lo que hace que La Paz sea tan especial es la gente de la ciudad, los paceños. Ninguna otra ciudad sudamericana se aferra con tanta fuerza a su pasado. Muchas mujeres llevan a diario las ropas tradicionales. Además, La Paz es como un mercado gigantesco. En todas las calles hay puestos donde comprar desde ropa, artesanías y comida local, hasta computadoras, muebles y amuletos de la buena suerte.

35. ¿Qué recuerda Ud.?

1. ¿Cuáles son las dos capitales de Bolivia?

   Sucre y La Paz.

2. ¿Por qué llaman a Sucre "la ciudad blanca"?

   Porque tiene muchos edificios coloniales blancos.

3. ¿Qué le pasa a la gente que bebe demasiada agua de la fuente de Inisterio?

   Se puede volver loca.

4. ¿Por qué llaman a La Paz "la ciudad que toca el cielo"?

   Porque está a 3650 metros de altura sobre el nivel del mar.

5. ¿Cuál es el principal atractivo de La Paz?

   La gente y los puestos en las calles de la ciudad.

36. Algo personal

No se dan respuestas.

1. ¿Cuál de las dos ciudades le gustaría visitar? ¿Por qué?

   Answers will vary.

2. ¿Qué compraría Ud. en los puestos de La Paz?

Éste es el fin de la Lección A del Capítulo 7.

Vocabulario I

Buenos modales en la fiesta

Escucha.

— ¡Bienvenidos!

— Te dije que no hablaras mientras masticas.

— Tápate la boca cuando bostezas. ¡No tienes modales! Te pedí que te comportaras bien en la fiesta.

— ¿Puedo interrumpir la conversación? No debes enojarte con Raúl, parece cansado.

— La anfitriona me dijo que bajara el volumen. A los vecinos no les gusta el ruido.
— Los invitados pidieron que subieras el volumen de la música.

— ¡Me encanta la música bailable!

el invitado
el anfitrión
la anfitriona
darse la mano
la invitada
los bocadillos
las almendras
los maníes
las nueces
los parlantes
el disc jockey
el sistema de audio
los pasos de baile

1. **¿Qué sucedió?**
   Indique la letra de la foto que corresponde con lo que oye.

   1. Te sugeriría que te taparas la boca al bostezar.   C
   2. Marta deseaba que le regalaran un sistema de audio nuevo. F
   3. En la fiesta, comimos unos bocadillos deliciosos.   A
   4. Al encontrarse, se dieron la mano como buenos amigos.   B
   5. Marcia quería que aprendiéramos unos pasos de baile nuevos. E
   6. La anfitriona nos dio la bienvenida.   D

Diálogo I

¡Te dije que no pusieras los codos en la mesa!

Escucha.

MATEO: Me gustaría que me enseñaras buenos modales. Tengo una cita con Carolina y quiero comportarme bien.

ELISA: Claro, pero debes prestarme atención y no interrumpirme.

MATEO: Te lo prometo.

ELISA: Cuando estás comiendo, no puedes poner los codos en la mesa... Tampoco puedes hablar mientras masticas la comida.

MATEO: ¿Pero qué hago si Carolina me pregunta algo mientras estoy comiendo?

ELISA: Le respondes cuando termines de masticar.

ELISA: ¿Quieres hacer la prueba?

MATEO: Bueno...

ELISA: ¡Te dije que no pusieras los codos en la mesa!

MATEO: Discúlpame... Tengo mucho sueño.

ELISA: Tápate la boca al bostezar... Ésa es otra regla que debes recordar.

3. ¿Qué recuerda Ud.?

1. ¿Qué le gustaría a Mateo que hiciera Elisa?

Le gustaría que le enseñara buenos modales.

2. ¿Qué no puede hacer Mateo mientras come? ¿Y mientras mastica?

Mientras come, no puede poner los codos en la mesa. Mientras mastica, no puede hablar.

3. ¿Qué debe hacer Mateo si Carolina le pregunta algo mientras está comiendo?

Debe responderle cuando termina de masticar.

4. ¿Qué otra regla le enseña Elisa?

Hay que taparse la boca al bostezar.

4. Algo personal

No se dan respuestas.

1. ¿Qué buenos modales conoce Ud.?

2. ¿Tiene buenos modales al comer? Explique su respuesta.

3. ¿Qué le gusta hacer en las fiestas?

4. ¿Cómo escucha la música: con el volumen alto o bajo?

5. ¿Le gusta bailar? ¿Qué pasos de baile conoce?

Answers will vary.

5. ¡Qué modales!

Escoja una respuesta correcta a lo que oye.

1. ¡La música está demasiado fuerte!
2. ¿Cómo se saludaron Luis Miguel y Margarita?
3. ¿Qué hay para comer en la fiesta?
4. ¿No te das cuenta de que estamos hablando?
5. ¡Qué sueño tengo!

Ahora mismo bajo el volumen.
Se besaron.

Hay maníes y almendras.
Discúlpenme, no quería interrumpirlas.

Te sugeriría que te taparas la boca al bostezar.

6. La Fiesta del Sol

Conteste las siguientes preguntas.

1. ¿Quiénes celebraban el Inti Raymi?
2. ¿Dónde tenía lugar la celebración?
3. ¿Qué se celebra en el Inti Raymi?
4. ¿Quién era el Inca?
5. ¿Para qué se reunían los participantes en la Plaza de Armas?

Los incas celebran el Inti Raymi.
Tenía lugar en Cuzco.
Se celebra al dios del Sol.
El Inca era el gobernante.
Se reunían para esperar la salida del sol y adorarlo.

9. ¡Te dije que no molestaras!

Ángel, el hermanito pequeño de Ana, no presta atención a lo que ella le dice. Ana debe repetirle todo dos veces. Siga el modelo.

MODELO Lávate las manos antes de comer.
¡Te dije que te lavaras las manos antes de comer!

1. Saluda a los invitados.
2. Dale la mano a la invitada.
3. No interrumpas la conversación.

4. Busca un vaso, no tomes agua de la botella.
5. No hables al masticar.
6. No pongas los codos en la mesa.

7. Tápate la boca al bostezar.
8. Pide permiso para levantarte de la mesa.

¡Te dije que saludaras a los invitados!
¡Te dije que le dieras la mano a la invitada!
¡Te dije que no interrumpieras la conversación!
¡Te dije que buscaras un vaso, que no tomaras agua de la botella!
¡Te dije que no hablaras al masticar!
¡Te dije que no pusieras los codos en la mesa!
¡Te dije que te taparas la boca al bostezar!
¡Te dije que pidieras permiso para levantarte de la mesa!

Vocabulario II

En un restaurante

Escucha.

— ¿Qué desean de plato principal?
— Quiero una costilla de cordero que no esté muy cruda.
— Yo quiero un ceviche de camarones marinados en limón y con especias.

— Camarera, esta pechuga de pavo está muy seca y muy salada. Quiero devolverla y pedir otra cosa.
— Y el salmón de mis fideos no está ahumado.
— Entonces les recomiendo pescado a la parrilla con papas asadas.

la clienta
el cliente
el bistec con papas fritas
el pollo relleno con almendras
la botella
quejarse
las especias
los fideos

14. **En el restaurante**
    Escuche las frases y diga a qué foto corresponde cada una.

    1. Queremos quejarnos porque no nos trajeron la botella de agua que pedimos.   F
    2. Me gusta más la pechuga de pollo a la parrilla que la marinada.   C
    3. Me gustaría comer papas fritas que no sean tan saladas.   E
    4. No conozco a nadie a quien no le guste el ceviche.   A
    5. Mamá prefiere que mi hermanito coma fideos.   B
    6. Lo mejor fue el bistec.   D

Diálogo II

Pide lo que quieras

Escucha.

MATEO: Pide lo que quieras, Elisa. Quiero agradecerte tus consejos sobre los buenos modales.
ELISA: Espero que te sirvan.
MATEO: Seguro. ¿Qué vas a pedir de plato principal?
ELISA: Creo que el cordero... pero que no sea asado.

MATEO:	Puedes pedirlo a la parrilla con papas fritas.
ELISA:	No sé... también me gusta el bistec.
MATEO:	Lo mejor en este restaurante es el ceviche.
ELISA:	A mí no me gusta el pescado.
MATEO:	Entonces, pide el bistec.
ELISA:	¿Crees que el bistec esté marinado?
MATEO:	No creo. ¿Por qué no le preguntas a la camarera?
ELISA:	Tienes razón. Espero que tampoco lleve muchas especias.

17. ¿Qué recuerda Ud.?

1. ¿Qué va a pedir Elisa? — Va a pedir cordero que no sea asado.
2. ¿Qué otro plato le gusta a Elisa? — Le gusta el bistec.
3. ¿Qué es lo mejor en ese restaurante? — Lo mejor es el ceviche.
4. ¿Qué quiere preguntarle Elisa a la camarera? — Quiere preguntarle si el bistec está marinado y si lleva muchas especias.

18. Algo personal
No se dan respuestas.

1. ¿Qué prefiere pedir de plato principal? — Answers will vary.
2. ¿Cómo le gusta comer el bistec?
3. ¿Le gusta la comida muy salada?
4. ¿Ha comido ceviche alguna vez?

19. Lo mismo...

Escoja la oración que dice lo mismo que la oración que escucha, pero de otra manera.

1. Las papas fritas del restaurante son más saladas que las de la cafetería. — B
2. Esta sopa de pollo es mejor que la de pescado. — A
3. Necesito comprar tocino que no sea muy ahumado. — A
4. Preferiría el bistec a la parrilla que el asado. — B

20. **¿Cómo se prepara el sancochao?**
    Conteste las siguientes preguntas.

    1. ¿Qué es un sancochao? — Es un guiso hervido.
    2. Mencione seis ingredientes del sancochao a la limeña. — *Answers will vary but may include:* yuca, carne, zanahoria, papas, apio, choclo, etc.
    3. ¿Cuánto zapallo se necesita para esta receta? — Se necesita un pedazo.
    4. ¿Qué se tiene que hacer con la yuca si está cocida? — Se guarda en un recipiente aparte.
    5. ¿Cómo se debe servir el sancochao? — Se debe servir caliente.

21. **¿Qué quieren...?**
    Forme oraciones usando el subjuntivo después de cada pronombre relativo.

    MODELO Quiero un postre que / no ser muy dulce.
    Quiero un postre que no sea muy dulce.

    1. Busco una persona que / saber hacer ceviche. — Busco una persona que sepa hacer ceviche.
    2. No conozco a nadie que / poder ayudarte. — No conozco a nadie que pueda ayudarte.
    3. Necesito alguien a quien / gustarle cocinar. — Necesito alguien a quien le guste cocinar.
    4. Quiero una costilla de cordero que / no estar muy asada. — Quiero una costilla de cordero que no esté muy asada.
    5. ¿Hay alguien que / poder decirme cuáles son los platos especiales de hoy? — ¿Hay alguien que pueda decirme cuáles son los platos especiales de hoy?
    6. Busco un restaurante que / servir pescado a la parrilla. — Busco un restaurante que sirva pescado a la parrilla.

26. ¡Camarero, por favor!

Ud. y su compañero están cenando en un restaurante con otros amigos y tienen problemas con el servicio. Túrnese con su compañero para quejarse. Usen la nominalización. Sigan el modelo.

MODELO El pastel lleva manzanas. Su amiga pidió el pastel que lleva cerezas.
Este pastel lleva manzanas. Ella pidió el que lleva cerezas.

1. La sopa es de pollo. Ud. pidió la sopa que está hecha con tomate.

   Esta sopa es de pollo. Yo pedí la que está hecha con tomate.

2. El ceviche tiene mariscos. Su amigo quiere el ceviche que tiene sólo pescado.

   Este ceviche tiene mariscos. Mi amigo quiere el que tiene sólo pescado.

3. La carne está marinada con especias. Sus amigos pidieron la carne que está frita con tomate y cebolla.

   Esta carne está marinada con especias. Mis amigos pidieron la que está frita con tomate y cebolla.

4. Los bistecs están fritos. Ustedes pidieron los bistecs que están asados a la parrilla.

   Estos bistecs están fritos. Nosotros pedimos los que están asados a la parrilla.

5. La cuenta indica que Ud. tomó la sopa que tiene camarones. Ud. tomó la sopa que tiene pollo.

   La cuenta indica que yo tomé la sopa que tiene camarones. Yo tomé la que tiene pollo.

Lectura personal

Recuerdos de Piura

Escucha.

Querida hermana,

Un saludo desde Piura, Perú, adonde llegamos anoche, muy cansados. Hoy comimos el almuerzo más abundante del viaje. Nos dieron seis platos en total, muy mezclados: primero sopa y luego ensalada y postre; después arroz, carne y ¡otro postre!

Por la mañana, visitamos el Museo del Oro, donde hay piedras de excavaciones y maquetas y pinturas de los paisajes y ciudades del mundo inca. También vimos la Casa Museo del Almirante Miguel Grau, donde hay muchos cuadros interesantes.

Por la tarde fuimos a Catacaos, un pueblecito cerca de Piura. Un señor del pueblo nos contó que los primeros invasores de Catacaos no fueron los españoles. Dice que los aztecas invadieron el pueblo y que por eso la gente del lugar tiene un acento tan parecido a los mexicanos. ¿No es interesante? Allí hay también una iglesia muy grande y paseamos por las calles, que están llenas de mercados. No te preocupes: ya te compré un objeto de artesanía como recuerdo.

Por la noche, en la Plaza de Armas, vimos unas danzas típicas de la región. En general, fue un día lleno de actividad. Ahora me voy a descansar, porque mañana seguimos el viaje.

Besos,
Manu

28. ¿Qué recuerda Ud.?

1. ¿Qué dos ciudades menciona Manu en su correo electrónico?

   Piura y Catacaos.

2. ¿Qué comió de almuerzo?

   Comió seis platos: sopa, ensalada, postre, arroz, carne y otro postre.

3. ¿Qué hay en el Museo del Oro?

   Hay piedras de excavaciones y maquetas, y pinturas de los paisajes y ciudades del mundo inca.

4. ¿Por qué en Catacaos hablan con un acento parecido al mexicano?

   Porque los primeros invasores no fueron los españoles, sino los aztecas.

5. ¿Qué vio Manu por la noche?

   Vio unas danzas típicas en la Plaza de Armas.

29. Algo personal
No se dan respuestas.

1. Cuando viaja, ¿le gusta mandar cartas o correos electrónicos? ¿A quién se los manda?

   Answers will vary.

2. ¿Qué lugares de Piura o Catacaos le parecen más interesantes? ¿Por qué?

Éste es el fin de la Lección B del Capítulo 7.

¡Viento en popa!

Ud. lee

Oda a la alcachofa

Escucha.

La alcachofa
de tierno corazón
se vistió de guerrero,
erecta, construyó
una pequeña cúpula,
se mantuvo
impermeable
bajo
sus escamas,
a su lado
los vegetales locos
se encresparon,
se hicieron
zarcillos, espadañas,

bulbos conmovedores,
en el subsuelo
durmió la zanahoria
de bigotes rojos,
la viña
resecó los sarmientos
por donde sube el vino,
la col
se dedicó
a probarse faldas,
el oregano
a perfumar el mundo,
y la dulce
alcachofa
allí en el huerto,

vestida de guerrero,
bruñida
como una granada,
orgullosa,
y un día
una con otra
en grandes cestos
de mimbre, caminó
por el mercado
a realizar su sueño:
la milicia.
En hileras
nunca fue tan marcial
como en la feria,
los hombres
entre las legumbres
con sus camisas blancas
eran
mariscales
de las alcachofas,
las filas apretadas,
las voces de comando,
y la detonación
de una caja que cae,
pero
entonces
viene

María
con su cesto,
escoge
una alcachofa,
no le teme,
la examina, la observa
contra la luz como si fuera un huevo,
la compra,
la confunde
en su bolsa
con un par de zapatos,
con un repollo y una
botella
de vinagre
hasta
que entrando a la cocina
la sumerge en la olla.
Así termina
en paz esta carrera
del vegetal armado
que se llama alcachofa,
luego
escama por escama
desvestimos
la delicia
y comemos la pacífica pasta
de su corazón verde.

A. ¿Qué recuerda Ud.?

Wording of answers will vary, but the
following ideas should be expressed:
1. ¿Qué se describe en este poema?
2. ¿Con qué compara el poeta a la
   alcachofa?
3. ¿Cuál es la historia de la alcachofa del
   poema?
4. ¿Cómo termina la vida de esta
   alcachofa?

Se describe una alcachofa.
La compara con un guerrero.

Se escapa para ir a la guerra, pero la
compran para cocinarla.
Termina en la mesa, cuando la comemos.

B. Algo personal
No se dan respuestas.

1. ¿Le gustan las alcachofas? ¿Por qué?
2. ¿Por qué cree Ud. que, al final del poema, el poeta hace dos referencias a la paz?
3. Imagine su fruta o verdura favorita. ¿A qué se parece? ¿Con qué la compararía?

Answers will vary.

Trabalenguas

Escucha y repite.

Si Sansón no sazona su salsa con sal, le sale sosa;
Le sale sosa su salsa a Sansón si la sazona sin sal.

Éste es el fin de la sección ¡Viento en popa! del Capítulo 7.

Capítulo **8** La buena salud

Lección A

Vocabulario I

Accidentes de todos los días

Escucha.

— Para la semana próxima, ya me habrán quitado el yeso.

— El gato me ha hecho estos rasguños.
— ¿Y se puso un antiséptico para las heridas?

— ¿Cómo se dio este golpe? ¿Tropezó con algo?
— No, me resbalé en la calle. Estaba mojada.

— Enfermera, me duele mucho el tobillo, creo que me lo he quebrado.
— El doctor la va a examinar y dirá si tiene una fractura o si se ha torcido el tobillo.

— ¿Cuándo le quitan la venda de la muñeca?
— El doctor me dijo que para el sábado ya me la habrían quitado. Pero todavía la necesito.

— ¿Fue profundo el corte, enfermero?
— Sí, pero cuando llegue a casa ya no le va a doler más.

las muletas
el yeso
la radiografía
la venda
la curita
la silla de ruedas
la muñeca
los puntos
sufrir

1. **Después de un accidente**
    Indique la letra de la foto que corresponde con lo que oye.

    1. El doctor le dijo a María que en dos   D
        semanas le habrán quitado la venda.
    2. Había sido la primera vez que el gato   E
        le hacía esos rasguños.
    3. El padre de Catalina ha estado en una   A
        silla de ruedas desde el accidente.
    4. El doctor examina al paciente con   F
        mucho cuidado.
    5. La radiografía muestra que hay una   B
        fractura.
    6. Carmen deberá usar muletas por tres   C
        semanas.

Diálogo I

¿Cómo te quebraste el brazo?

Escucha.

LUZ:	¿Cómo te quebraste el brazo, Jorge?
JORGE:	Estaba jugando a la pelota y me tropecé.
LUZ:	¿Te llevaron a la sala de emergencias?
JORGE:	Sí, me llevaron a la clínica del barrio.
LUZ:	¿Qué te hicieron allí?
JORGE:	El médico me examinó el brazo y me sacó una radiografía.
LUZ:	¿Se veía la fractura en la radiografía?
JORGE:	Por supuesto.
LUZ:	¿Cuánto tiempo debes tener el yeso en el brazo?
JORGE:	El médico me dijo que dentro de tres semanas ya me lo habrían quitado.
LUZ:	¿Qué vas a hacer ahora?
JORGE:	Me pintaré el yeso de rojo para que mis compañeros me vean cuando juguemos.
LUZ:	¡Eres imposible, Jorge!

3. ¿Qué recuerda Ud.?

1. ¿Cómo se quebró Jorge el brazo?
2. ¿Adónde lo llevaron?
3. ¿Qué le hizo el médico?

4. ¿Para cuándo le dijo el médico que le habrían quitado el yeso del brazo?
5. ¿Qué va a hacer ahora Jorge?

Estaba jugando a la pelota y tropezó.
Lo llevaron a la clínica del barrio.
El médico le examinó el brazo y le sacó una radiografía.
Le dijo que dentro de tres semanas ya se lo habrían quitado.
Se pintará el yeso de rojo para que sus compañeros lo vean cuando jueguen.

4. Algo personal
No se dan respuestas.

1. ¿Ha tenido que ir a la sala de emergencias alguna vez? ¿Por qué?
2. ¿Se ha quebrado algo alguna vez? ¿Cómo?
3. ¿Ha tenido algún accidente?
4. ¿Qué usa cuando tiene una herida o un corte?
5. ¿Va al doctor a examinarse una vez por año?

Answers will vary.

5. ¿Médico o paciente?
Escuche las siguientes oraciones. Para cada una, diga si la persona que habla es el médico o el paciente.

1. Me había comenzado a doler la muñeca después de resbalarme.   paciente
2. Debo examinar la herida antes de ponerle una venda.   médico
3. Creo que me torcí el tobillo cuando me resbalé en la calle.   paciente
4. He visto su radiografía y muestra que tiene una fractura.   médico
5. ¿Se ha desmayado en algún momento después del accidente?   médico
6. Usted me dijo que para hoy ya habría dejado de usar las muletas.   paciente
7. ¿Cuándo fue a la sala de emergencias?   médico
8. ¿Es muy profundo el corte?   paciente

6. ¿Qué remedios usaban los mayas?

Conteste las siguientes preguntas.

1. ¿Qué usaban los mayas para curar enfermedades?

Usaban remedios naturales.

2. Mencione cuatro de los remedios más usados.

Answers will vary, but might include: la manzanilla, la cola de caballo, el llantén, el amargón, etc.

3. ¿Qué usaban los mayas para el dolor de estómago?

Usaban la manzanilla para curar el dolor de estómago.

4. ¿Qué se recomienda para el estrés?

Se recomienda la ortiga.

5. ¿Con qué se curan enfermedades de la vista?

Se curan con zanahoria.

8. ¡Qué raro!

Imagine que un amigo le contó lo que les había sucedido a ciertas personas pero Ud. cree que se ha equivocado. Sustituya la palabra en cursiva con la palabra entre paréntesis usando el pluscuamperfecto. Siga el modelo.

> **MODELO**   **A:** *Juan* se torció el tobillo. (Jorge)
>   **B:** ¡Qué raro! Yo creí que Jorge se había torcido el tobillo.

1. Natalia se quebró *la muñeca*. (el pie)

¡Qué raro! Yo creí que Natalia se había quebrado el pie.

2. Rosa tenía un fuerte dolor de *cabeza*. (el estómago)

¡Qué raro! Yo creí que Rosa había tenido un fuerte dolor de estómago.

3. Los enfermeros le quitaron el yeso de *la pierna* a Roberto. (el brazo)

¡Qué raro! Yo creí que los enfermeros le habían quitado el yeso del brazo a Roberto.

4. *Teresa* estaba en una silla de ruedas después del accidente. (Maribel)

¡Qué raro! Yo creí que Maribel había estado en una silla de ruedas después del accidente.

5. El padre de Enrique se dio un golpe en *la rodilla*. (el codo)

¡Qué raro! Yo creí que el padre de Enrique se había dado un golpe en el codo.

6. Los hermanos *Gómez* fueron a la sala de emergencias de la clínica. (Durán)

¡Qué raro! Yo creí que los hermanos Durán habían ido a la sala de emergencias de la clínica.

Vocabulario II

En el hospital

Escucha.

— Hace mucho tiempo que no le ponen una vacuna.

— Respire hondo. ¿Cuánto tiempo hace que tuvo pulmonía?
— Hace dos años que tuve esa enfermedad.

— ¿Qué síntomas tiene, señor?
— Tengo una inflamación en la garganta y también me duele la barriga.

— Doctora, no me siento bien. No puedo respirar bien, tengo tos y tengo fiebre.
— Tosa, por favor... Tiene una infección. Le recetaré un antibiótico y un jarabe.

— Hace una semana que tengo esta erupción en la piel.
— Tiene una alergia. Se curará con esta crema que le voy a recetar.

los pulmones
la inyección
el historial médico
estornudar
los remedios
las aspirinas
las pastillas
el jarabe
tomar la presión
las gotas
el paciente
la pacienta

12. **¿Cuáles son sus síntomas?**
    Escuche lo que dicen los siguientes pacientes y escoja qué enfermedad sería lógico que tuvieran.

    1. Toso mucho y tengo fiebre. También me duelen mucho   A
       los pulmones.
    2. Cuando llega la primavera comienzo a estornudar.   B
    3. Me duele mucho la garganta y tengo un poco de fiebre.   C
    4. Me golpeé el dedo y está más grande de su tamaño normal. C
    5. Tengo algo rojo en la piel que me molesta mucho.   A

13. ¿Qué me receta?
Imagine que usted es médico. Escoja qué les recetaría a los pacientes que tienen los siguientes síntomas.

1. Tengo una inflamación en los ojos. ¿Qué me puede recetar? C
2. Tengo dolor de cabeza. ¿Qué puedo tomar? A
3. Estoy tosiendo mucho. Hace dos noches que no puedo dormir. ¿Qué remedio me puede ayudar? E
4. Tengo una infección en la garganta y mucha fiebre. ¿Qué me va a recetar? D
5. Mi bebé tiene mucha fiebre pero no puede tomar pastillas todavía. ¿Qué le puede recetar? B

Diálogo II

¿Qué síntomas tiene?

Escucha.

LUZ: Buenas tardes, doctor. Vengo a verlo porque no me siento bien.
DOCTOR: ¿Qué síntomas tiene?
LUZ: Me siento muy cansada y toso bastante. Además creo que tengo una inflamación en la garganta.

DOCTOR: ¿Tiene fiebre?
LUZ: No.
DOCTOR: ¿Cuántos días hace que se siente así?
LUZ: Casi una semana.
DOCTOR: ¿Y ha tomado algún remedio?
LUZ: He tomado aspirinas.

DOCTOR: Voy a examinarla... Respire hondo y tosa.
LUZ: ¿Qué enfermedad tengo, doctor? ¿Es muy grave?
DOCTOR: No. Según sus síntomas parece que tiene una infección. Con un antibiótico se va a curar en unos días.

14. ¿Qué recuerda Ud.?

1. ¿Por qué va Luz a ver al doctor? Lo va a ver porque no se siente bien.
2. ¿Qué síntomas tiene Luz? Se siente muy cansada, tose bastante y tiene una inflamación en la garganta.
3. ¿Cuánto tiempo hace que Luz se siente mal? Hace casi una semana que se siente mal.
4. ¿Qué remedio ha tomado? Ha tomado aspirinas.
5. ¿Qué le pide el doctor a Luz que haga? Le pide que respire hondo y tosa.
6. ¿Qué parece que tiene Luz, por sus síntomas? Por sus síntomas parece que tiene una infección.

15. Algo personal
No se dan respuestas.

1. ¿Va Ud. a veces al doctor?
2. ¿Qué enfermedades ha tenido?
3. ¿Qué toma cuando le duele la cabeza?
4. ¿Cuánto tiempo hace que le pusieron una vacuna?

Answers will vary.

16. Situaciones
Indique la letra de la foto que corresponde con los diálogos que oye.

1. A: ¿Tom sigue en el hospital?
   B: Sí, el doctor dice que se va a curar en unos días.

   F

2. A: ¿Cómo lo va a vacunar, doctora?
   B: Lo voy a vacunar con una inyección en el brazo.

   D

3. A: ¡Qué frío que hace!
   B: Creo que estoy por pescar un resfriado. He estado estornudando todo el día.

   A

4. A: ¿Viste la barriga de Juan?
   B: Sí, siempre se queja de que tiene dolor de barriga. Debería comer menos.

   E

5. A: Doctor, Pablo todavía sigue tosiendo mucho y no puede respirar bien.
   B: Déjeme ver lo que anoté en su historial médico en la última visita.

   C

6. A: Permítame que le tome la presión.
   B: Con mucho gusto. Hace tiempo que no me la toman.

   B

17. Aguas que curan
Conteste las siguientes preguntas.

1. ¿Dónde se usan las buenas propiedades del agua?

   Se usan en los baños termales.

2. ¿Por qué el agua de los baños termales sale caliente de la fuente?

   Porque hay actividad volcánica.

3. ¿Para qué se usan los baños termales?

   Se usan para curar dolores en los huesos y músculos.

4. ¿Dónde están los baños termales Los Vahos?

   Están al pie del volcán Cerro Quemado.

5. ¿A qué temperatura sale el agua de los baños Chicovix?

   Sale a 40° centígrados.

20. Experiencias personales

Conteste las siguientes preguntas usando una expresión con *hace* o con *hacía*. Luego, hágale las mismas preguntas a su compañero y comparen sus respuestas. No se dan respuestas.

1. ¿Cuándo fue la última vez que fue al médico? ¿Cuánto tiempo hacía que no había visitado a un médico?
2. ¿Cuánto tiempo hace que le pusieron una vacuna? ¿Para qué fue?
3. ¿Cuánto tiempo hace que vio un accidente? ¿Dónde ocurrió? ¿Qué pasó?
4. La última vez que se sintió mal, ¿qué síntomas tenía? ¿Cuánto tiempo hacía que se sentía mal?
5. La última vez que se enfermó, ¿qué remedios le recetó el doctor? ¿Cuánto tiempo hacía que no se enfermaba?

Answers will vary.

Lectura Cultural

Miguel Ángel Asturias

Escucha.

El 10 de octubre de 1899 nació en Ciudad de Guatemala Miguel Ángel Asturias, el escritor más ilustre de Guatemala y uno de los más importantes de la lengua española. Asturias fue también abogado y diplomático. En París estudió en la prestigiosa universidad de la Sorbona y fue allí, en colaboración con el escritor mexicano J. M. González de Mendoza, donde tradujo el *Popol Vuh,* el libro sagrado de los indios quichés de Guatemala. Los temas mágicos del libro le inspiraron para escribir una de sus obras más conocidas: *Leyendas de Guatemala.* A Asturias siempre le preocuparon los temas sociales y fue uno de los fundadores de la Universidad Popular de Guatemala, que ayuda a promover la cultura y la artesanía del país. Fue embajador de su país en México, Argentina y El Salvador y, después de 12 años de exilio, también en Francia.

Por el contenido social y antiimperialista de sus poemas y novelas ganó el Premio Lenin de la Paz en 1966. Un año más tarde, en reconocimiento a su gran carrera literaria, le otorgaron el Premio Nobel de Literatura. También escribió ensayos y obras de teatro.

Además de las ya mencionadas, otras obras famosas de Miguel Ángel Asturias son *Viento fuerte, Mulata de Tal, Chantaje* y *El Señor Presidente.*

22. ¿Qué recuerda Ud.?

1. ¿Dónde nació Miguel Ángel Asturias?
   Nació en Ciudad de Guatemala.
2. ¿Qué obra famosa tradujo cuando estaba en Francia?
   Tradujo el *Popol Vuh.*
3. ¿Qué obra le inspiró el *Popol Vuh?*
   Le inspiró *Leyendas de Guatemala.*
4. ¿Qué temas trata en sus obras?
   Trata temas sociales y antiimperialistas.
5. ¿Qué importantes premios ganó Miguel Ángel Asturias?
   Ganó el Premio Lenin de la Paz y el Premio Nobel de Literatura.

23. Algo personal

No se dan respuestas.

1. ¿Conoce Ud. alguna leyenda de su   Answers will vary.
    país? ¿Cuál?
2. ¿Sobre qué temas le gusta a Ud. leer?

Éste es el fin de la Lección A del Capítulo 8.

Lección B

Vocabulario I

En forma

Escucha.

— ¿Qué puedo hacer para mantenerme en forma?
— Puedes hacer natación. Vale la pena porque es un ejercicio muy bueno.

— Si hicieras un esfuerzo, tú también podrías levantar pesas.

— ¡Hoy no tengo energía para hacer bicicleta!
— Tendrías más energía si hicieras ejercicio todos los días.

— ¡Ay, tengo un calambre en la pierna!
— Debes estirarte antes de hacer ejercicio para evitar los calambres.

— Hacer yoga ayuda a evitar el estrés.

la fuerza
hacer bicicleta
hacer cinta
hacer abdominales
hacer flexiones
estirarse

1. Hacer ejercicio

Indique la letra de la foto que corresponde con lo que oye.

1. Hay que tener mucha fuerza para levantar pesas.   E
2. Vale la pena hacer natación porque es muy buen ejercicio.   C
3. Si hicieras abdominales, te mantendrías siempre en forma.   A
4. A Mercedes le encanta hacer cinta en el gimnasio.   F
5. Si hiciéramos bicicleta, tendríamos más energía en el cuerpo. B
6. Hacer yoga ayuda a evitar el estrés.   D

Diálogo I

Si hicieras ejercicio, te sentirías mejor

Escucha.

JAIME:	¿Por qué te sientes tan cansada, Isabel?
ISABEL:	No sé, siento que no tengo energía.
JAIME:	¿Haces ejercicio para mantenerte en forma?
ISABEL:	No mucho.
JAIME:	Si hicieras ejercicio, te sentirías mejor.
ISABEL:	Lo sé, pero siempre hay mucha gente haciendo bicicleta en el gimnasio.
JAIME:	Pero puedes hacer otras cosas, como levantar pesas o hacer cinta.
ISABEL:	No sé... creo que quiero hacer algo diferente.
JAIME:	Me han dicho que hacer yoga es bueno para evitar el estrés... Además ayuda a mantenerse en forma.
ISABEL:	¿Y ofrecen clases de yoga en el gimnasio?
JAIME:	Hay clases todos los días.
ISABEL:	Bueno, entonces haré un esfuerzo e iré a una clase.

3. ¿Qué recuerda Ud.?

1. ¿Cómo se sentiría Isabel si hiciera ejercicio?

   Se sentiría mejor si hiciera ejercicio.

2. ¿Qué otras cosas puede hacer Isabel además de hacer bicicleta?

   Puede levantar pesas o hacer cinta.

3. ¿Por qué hacer yoga es bueno?

   Es bueno porque ayuda a evitar el estrés y a mantenerse en forma.

4. ¿Qué hará Isabel?

   Hará un esfuerzo e irá a una clase de yoga.

4. Algo personal
No se dan respuestas.

1. ¿Hace Ud. ejercicio? ¿Qué tipo de ejercicio hace?

   Answers will vary.

2. ¿Le gusta ir al gimnasio? ¿Qué le gusta hacer allí?

3. ¿Se estira antes de hacer ejercicio?

4. ¿Hace Ud. yoga o conoce a alguien que haga yoga?

5. ¿Qué otras cosas hace, además de ejercicio, para mantenerse en forma?

5. Rutinas de ejercicio

Escriba en una hoja los nombres de Elisa y Antonio. Escuche y anote debajo de los nombres cuál es la rutina de ejercicio de cada uno. No se dan respuestas.

1. La rutina de ejercicios de Elisa es muy organizada. Todos los días hace los mismos ejercicios. Llega al gimnasio y hace bicicleta y cinta. Descansa y, luego, levanta pesas. Antes de irse, hace siempre natación.

    Elisa: hacer bicicleta, hacer cinta, descanso, levantar pesas, hacer natación.

2. La rutina de ejercicios de Antonio es también muy organizada. Antes de empezar a hacer ejercicio, se estira. Luego, hace abdominales y flexiones. Descansa y como quiere evitar el estrés, hace yoga.

    Antonio: estirarse, hacer abdominales, hacer flexiones, descanso, hacer yoga.

6. Deportistas jóvenes de Honduras

Conteste las siguientes preguntas.

1. ¿Cuándo fueron los primeros Juegos Deportivos Estudiantiles?

    Fueron en el año 2003.

2. ¿Cuántos jóvenes participaron en los Juegos?

    Participaron más de 40.000 jóvenes.

3. ¿En qué competencia representarían a Honduras los ganadores de los Juegos?

    Representarían a Honduras en los VIII Juegos Deportivos Centroamericanos.

4. ¿Qué ganó David Mendoza?

    Ganó una medalla de oro de atletismo en los Juegos Panamericanos.

5. ¿Qué le dio el presidente a Mendoza?

    Le dio una beca para que continuara sus estudios secundarios.

Vocabulario II

Una dieta saludable

Escucha.

— Gracias por venir. A partir de hoy deberán cambiar sus hábitos de alimentación y seguir una dieta saludable.

— ¡Pero, doctor, a mí me encantan las hamburguesas y las papas fritas! ¡No puedo vivir sin comer comida chatarra!

— ¡Y yo a veces tengo que saltarme una comida porque no tengo tiempo de comer!

el cartel

— Los jóvenes deben aprender a alimentarse mejor y seguir una dieta más saludable.

11. **Definiciones de nutrición**
    Escuche las siguientes definiciones y diga a qué palabra se refiere cada una.

    1. Comida rápida que incluye   C
       hamburguesas, papas fritas y pizza.
    2. Conjunto de alimentos que se comen   A
       en forma regular.
    3. Comida que le da al cuerpo la   C
       nutrición que necesita.
    4. No comer una de las comidas del día. B
    5. Algo que es bueno para la salud.   A
    6. Sinónimo de balanceado.   C

Diálogo II

¡Evita la comida chatarra!

Escucha.

ISABEL:	¿Cómo es tu dieta, Manuel?
MANUEL:	Bueno... no es muy equilibrada. No puedo vivir sin comer pizza y hamburguesas con papas fritas.
ISABEL:	¿No estás cansado de comer tanta comida chatarra?
MANUEL:	No, me encanta.
ISABEL:	Debes cambiar esos hábitos. Aquí hay un artículo sobre la nutrición y los alimentos que hay que comer para llevar una dieta saludable.
MANUEL:	¿Qué alimentos?
ISABEL:	Alimentos nutritivos como frutas, verduras y leche.
MANUEL:	¿Y por qué los recomiendan?
ISABEL:	Porque contienen proteínas, hierro y calcio...
MANUEL:	Está bien, me convenciste. A partir de mañana voy a cambiar mi dieta.

14. **¿Qué recuerda Ud.?**

    1. ¿Cómo es la dieta de Manuel?   La dieta de Manuel no es muy equilibrada.
    2. ¿Qué tipo de comida chatarra come?   Come pizza, hamburguesas y papas fritas.
    3. ¿Qué alimentos nutritivos hay que   Hay que comer frutas, verduras y leche.
       comer?
    4. ¿Por qué esos alimentos son nutritivos? Son nutritivos porque contienen proteínas, hierro y calcio.
    5. ¿Qué va a hacer Manuel a partir de   Va a cambiar su dieta.
       mañana?

15. Algo personal
No se dan respuestas.

1. ¿Lleva Ud. una dieta saludable?
2. ¿Cómo son sus hábitos de alimentación?
3. ¿Qué prefiere: la comida chatarra o los alimentos saludables?
4. ¿Le interesan los artículos sobre nutrición?

Answers will vary.

16. La alimentación
Escoja una respuesta correcta a lo que oye.

1. ¿Qué comida es mejor evitar?   D
2. ¿Cómo son sus hábitos alimenticios?   A
3. ¿Cree que el artículo haya sido escrito por un médico especialista en nutrición?   E
4. ¿Los cacahuetes tienen grasas?   B
5. Espero que Ana no se haya saltado una comida hoy.   C

17. ¿Qué sabe de la cocina de Honduras?
Conteste las siguientes preguntas.

1. ¿De dónde viene gran parte de la tradición de la cocina hondureña?

   Viene de la época de antes de la colonización.

2. Mencione cinco alimentos que había antes de la colonización.

   maíz, frijoles, calabazas, pavos, patos, hongos, palmas, miel, pescados, armadillo

3. ¿Qué frutas trajeron los europeos a Honduras?

   Trajeron higos, uvas, naranjas, mandarinas y melones.

4. ¿Cómo se llaman las tres comidas principales en Honduras?

   Se llaman tiempos de comida.

5. ¿Qué se suele comer en el desayuno en Honduras?

   Se suele comer plátano maduro con aguacate y huevos.

Lectura personal

El cacao: un gran descubrimiento

Escucha.

Querido Sebastián,
Ayer en nuestra Ruta Quetzal, pasamos frente a las costas de Honduras. ¡Qué vistas más hermosas! Aunque el barco se movía bastante, fue muy bonito estar en la cubierta y contemplar las playas hondureñas. Pasamos por la isla de Guanaja y nuestro guía nos comentó algo que a ti, que eres un adicto al chocolate, te va a parecer muy interesante. ¡Fue en esta isla, que hoy pertenece a Honduras, donde se descubrió el cacao por primera vez!

Cuando llegó Cristóbal Colón en su cuarto viaje, en 1502, los indígenas del lugar le regalaron una bolsita con granos de cacao. Pero al volver a Europa con ellas, nadie supo qué hacer. No fue hasta años después, cuando empezaron a mezclar el cacao con azúcar, que se convirtió en la bebida favorita de las cortes española y francesa, y de ahí se extendió al resto del mundo.

La historia del cacao es verdaderamente fascinante. Los mayas lo bebían y lo usaban en ceremonias. Después, los aztecas usaron miel y vainilla para mejorar la receta. A veces también se mezclaba con especias picantes.

Tú, que vives en Nueva York, tal vez tuviste oportunidad de ver la tableta de chocolate más antigua del mundo. Es del año 437 y la encontraron en la tumba de un rey maya en Copán. La exhibieron en una exposición dedicada al chocolate en el Museo de Historia Natural de tu ciudad.

Bueno, tanto hablar de chocolate y cacao, me dieron ganas de comprarme una tableta antes de irme a dormir.

Muchos recuerdos,

Cecilia

25. ¿Qué recuerda Ud.?

1. ¿Dónde se descubrió por primera vez el cacao?   Se descubrió en Guanaja, Honduras.

2. ¿Para qué usaban el cacao los mayas?   Lo usaban como bebida y en ceremonias.

3. ¿Qué le dieron a Colón los indígenas de Guanaja?   Le dieron una bolsita con habas de cacao.

4. ¿Con qué mezclaron el cacao años después?   Lo mezclaron con miel y vainilla.

5. ¿Dónde encontraron la tableta de chocolate más antigua del mundo?   La encontraron en la tumba de un rey maya, en Copán.

26. Algo personal
No se dan respuestas.

1. ¿Alguna vez probó cacao sin azúcar? ¿Qué le pareció?   Answers will vary.

2. ¿Cómo prefiere tomar Ud. el chocolate?

Éste es el fin de la Lección B del Capítulo 8.

Ud. lee

Un día de estos

Escucha.

El lunes amaneció tibio y sin lluvia. Don Aurelio Escovar, dentista sin título y buen madrugador, abrió su gabinete a las seis. Sacó de la vidriera una dentadura postiza montada aún en el molde de yeso y puso sobre la mesa un puñado de instrumentos que ordenó de mayor a menor, como en una exposición. Llevaba una camisa a rayas, sin cuello, cerrada arriba con un botón dorado, y los pantalones sostenidos con cargadores elásticos. Era rígido, enjuto, con una mirada que raras veces correspondía a la situación, como la mirada de los sordos.

Cuando tuvo las cosas dispuestas sobre la mesa, rodó la fresa hacia el sillón de resortes y se sentó a pulir la dentadura postiza. Parecía no pensar en lo que hacía, pero trabajaba con obstinación, pedaleando en la fresa incluso cuando no se servía de ella.

Después de las ocho hizo una pausa para mirar el cielo por la ventana y vio dos gallinazos pensativos que se secaban al sol en el caballete de la casa vecina. Siguió trabajando con la idea de que antes del almuerzo volvería a llover. La voz destemplada de su hijo de once años lo sacó de su abstracción.

—Papá.
—Qué.
—Dice el alcalde que si le sacas una muela.
—Dile que no estoy aquí.

Estaba puliendo un diente de oro. Lo retiró a la distancia del brazo y lo examinó con los ojos a medio cerrar. En la salita de espera volvió a gritar su hijo.

—Dice que sí estás porque te está oyendo.
El dentista siguió examinando el diente. Sólo cuando lo puso en la mesa con los trabajos terminados, dijo:
—Mejor.
Volvió a operar la fresa. De una cajita de cartón donde guardaba las cosas por hacer, sacó un puente de varias piezas y empezó a pulir el oro.
—Papá.
—Qué.

Aún no había cambiado de expresión.
—Dice que si no le sacas la muela te pega un tiro.
Sin apresurarse, con un movimiento extremadamente tranquilo, dejó de pedalear en la fresa, la retiró del sillón y abrió por completo la gaveta inferior de la mesa. Allí estaba el revólver.
—Bueno —dijo—. Dile que venga a pegármelo.
Hizo girar el sillón hasta quedar de frente a la puerta, la mano apoyada en el borde de la

gaveta. El alcalde apareció en el umbral. Se había afeitado la mejilla izquierda, pero en la otra, hinchada y dolorida, tenía una barba de cinco días. El dentista vio en sus ojos marchitos muchas noches de desesperación. Cerró la gaveta con la punta de los dedos y dijo suavemente:

—Siéntese.
—Buenos días —dijo el alcalde.
—Buenos —dijo el dentista.

Mientras hervían los instrumentales, el alcalde apoyó el cráneo en el cabezal de la silla y se sintió mejor. Respiraba un olor glacial. Era un gabinete pobre: una vieja silla de madera, la fresa de pedal y una vidriera con pomos de loza. Frente a la silla, una ventana con un cancel de tela hasta la altura de un hombre. Cuando sintió que el dentista se acercaba, el alcalde afirmó los talones y abrió la boca. Don Aurelio Escovar le movió la cara hacia la luz. Después de observar la muela dañada, ajustó la mandíbula con una cautelosa presión de los dedos.

—Tiene que ser sin anestesia —dijo.
—¿Por qué?
—Porque tiene un absceso.

El alcalde lo miró en los ojos.
—Está bien —dijo, y trató de sonreír.
El dentista no le correspondió. Llevó a la mesa de trabajo la cacerola con los instrumentos hervidos y los sacó del agua con unas pinzas frías, todavía sin apresurarse. Después rodó la escupidera con la punta del zapato y fue a lavarse las manos en el aguamanil. Hizo todo sin mirar al alcalde. Pero el alcalde no lo perdió de vista.
Era un cordal inferior. El dentista abrió las piernas y apretó la muela con el gatillo caliente. El alcalde se aferró a las barras de la silla, descargó toda su fuerza en los pies y sintió un vacío helado en los riñones, pero no soltó un suspiro. El dentista sólo movió la muñeca. Sin rencor, más bien con una amarga ternura, dijo:

—Aquí nos paga veinte muertos, teniente.

El alcalde sintió un crujido de huesos en la mandíbula y sus ojos se llenaron de lágrimas. Pero no suspiró hasta que no sintió salir la muela. Entonces la vio a través de las lágrimas. Le pareció tan extraña a su dolor, que no pudo entender la tortura de sus cinco noches anteriores. Inclinado sobre la escupidera, sudoroso, jadeante, se desabotonó la guerrera y buscó a tientas el pañuelo en el bolsillo del pantalón. El dentista le dio un trapo limpio.

—Séquese las lágrimas —dijo.
El alcalde lo hizo. Estaba temblando. Mientras el dentista se lavaba las manos, vio el cielorraso desfondado y una telaraña polvorienta con huevos de araña e insectos muertos. El dentista regresó secándose las manos.

—Acuéstese —dijo— y haga buches de agua de sal.

El alcalde se puso de pie, se despidió con un displicente saludo militar, y se dirigió a la puerta estirando las piernas, sin abotonarse la guerrera.

—Me pasa la cuenta —dijo.
—¿A usted o al municipio?

El alcalde no lo miró. Cerró la puerta, y dijo, a través de la red metálica:

—Es la misma vaina.

A. ¿Qué recuerda Ud.?

Wording of the answers will vary, but the following ideas should be expressed:

1. ¿Qué está haciendo el dentista cuando llega el alcalde?

   Está trabajando en su gabinete.

2. ¿Quién le dice al dentista que el alcalde quiere verlo?

   El hijo del dentista se lo dice.

3. ¿Cómo reacciona el dentista al saber que el alcalde está ahí?

   No lo quiere ver.

4. ¿Qué quiere el alcalde?

   Quiere que el dentista le saque una muela.

5. Según el dentista, ¿por qué tiene que sacar la muela sin anestesia?

   Porque el alcalde tiene un absceso.

6. ¿Cree Ud. que el dentista le dijo la verdad al alcalde con respecto a la necesidad de no usar anestesia? ¿Qué oración ilustra lo que realmente piensa el dentista?

   Answers will vary. La oración que ilustra lo que realmente piensa es: "Aquí nos paga veinte muertos, teniente".

B. Algo personal
No se dan respuestas.

1. ¿Cómo se siente cuando tiene que ir al dentista?

   Answers will vary.

2. ¿Alguna vez le quitaron una muela? ¿Qué pasó?

3. ¿Cree Ud. en el proverbio "Ojo por ojo, diente por diente" o cree que uno debe perdonar al enemigo? Explique por qué.

Trabalenguas

Escucha y repite.

Pepe puso un peso en el piso del pozo. En el piso del pozo Pepe puso un peso.

Éste es el fin de la sección ¡Viento en popa! del Capítulo 8.

Lección A

Vocabulario I

En el salón de belleza

Escucha.

— Con este corte, puedes llevar siempre el pelo suelto.
— Si hubiera sabido que este estilo informal me quedaba bien, me lo habría cortado antes.

— Mi pelo es muy rebelde y sin gracia. ¡Es horroroso!

— Se ve muy atractiva con este estilo formal.
— ¡Qué bueno que usted me haya sugerido este peinado!

— Rápeme el pelo. Al fin y al cabo, vuelve a crecer.

— Sería mejor que no me hubiera hecho la permanente. [In tought]

— No debe ponerse cualquier acondicionador porque su pelo es grasoso.

la raya
el flequillo
ondulado
las capas
mediano
alisarse
la cola
peinado recogido
raparse
el gel
la tintura
teñir

- Los peluqueros esperan que los clientes hayan salido contentos del salón de belleza.

1. **Cortes y peinados**
   Indique la letra de la foto que corresponde con lo que oye.

   1. Si ella hubiera ido al salón de belleza,   D
      le habrían cortado el pelo en capas.
   2. Mónica lleva siempre el pelo recogido   F
      en una cola.
   3. Prefiero un peinado con flequillo.   A
   4. Armando lleva siempre el pelo suelto.   E
   5. Adela tiene el pelo mediano y   B
      ondulado.
   6. No me gusta cuando Carolina se peina   C
      con la raya al medio.

Diálogo I

Quiero un nuevo peinado

Escucha.

PELUQUERA:	¡Qué bueno que hayas venido hoy! ¿Qué corte quieres hacerte, Pilar?
PILAR:	Cualquiera que me quede bien. Mi pelo está tan rebelde, que lo tengo que llevar recogido en una cola. No pensé que me hubiera crecido tanto.
PELUQUERA:	¿Prefieres llevar el pelo suelto, verdad?
PILAR:	Por supuesto.
PELUQUERA:	¿Te gustaría el pelo a capas?
PILAR:	Sí, pero mi pelo es muy ondulado. ¿Cree que me quedaría bien?
PELUQUERA:	Seguro, porque puedes alisártelo tú misma una vez por semana y así mantener el peinado.
PILAR:	Muy bien, córtemelo a capas. Al fin y al cabo, si no me gusta, el pelo vuelve a crecer.
PELUQUERA:	Ya verás cómo te gustará.

3. **¿Qué recuerda Ud.?**

   1. ¿Cómo tiene que llevar el pelo Pilar?   Tiene que llevarlo recogido en una cola
      ¿Por qué?   porque está rebelde.
   2. ¿Qué no pensó Pilar?   No pensó que le hubiera crecido tanto el
                                                  pelo.
   3. ¿Cómo le sugiere la peluquera que se   Le sugiere cortárselo a capas.
      corte el pelo?
   4. ¿Qué dice Pilar sobre el corte?   Dice que al fin y al cabo, si no le gusta, el
                                                  pelo vuelve a crecer.

4. **Algo personal**

   No se dan respuestas.

   1. ¿Qué tipo de pelo tiene Ud.?   Answers will vary.
   2. ¿Va a menudo al salón de belleza?
   3. ¿Qué corte le gustaría hacerse?
   4. ¿Cómo lleva el pelo: suelto o recogido?
   5. ¿Qué estilo prefiere para el pelo:
      formal o informal?

5. **Consejos de belleza**

   Escuche las preguntas de los clientes del salón de belleza y escoja qué consejo es mejor para cada uno.

   1. Tengo que asistir a una boda muy   A
      importante y necesito saber qué estilo
      de peinado debo hacerme.
   2. Quiero teñirme el pelo, pero no   B
      quiero cambiar el color.
   3. Tengo el pelo muy grasoso.   A
   4. Mi pelo es muy ondulado. ¿Qué   B
      puedo hacer?

6. **¿Cómo se vestían los antiguos aztecas?**

   Conteste las siguientes preguntas.

   1. ¿De qué dependía el vestuario azteca?   Dependía de la clase social a la que
                                                pertenecía cada persona.
   2. ¿Qué color podía llevar sólo el   El verde turquesa.
      emperador?
   3. ¿Cómo eran los tocados de los   Tenían diseños muy complicados.
      guerreros?
   4. ¿Cómo vestía la gente de clase baja?   Vestían ropa hecha de fibras de palma o
                                                de maguey, y no podían llevar nada por
                                                debajo de la rodilla.
   5. ¿Qué llevaban las mujeres?   Llevaban falda y *huipil* o *quechquemitl*.

Vocabulario II

De compras

Escucha.

— Esta camisetota está rebajada un 50 por ciento, pero es de mal gusto.
— ¿No prefieres una camiseta lisa en vez de estampada? Esta camiseta morada está
   de rebaja.
— Estos vaqueros claros me quedan un poco anchos. ¿No tiene una talla más pequeña?
— Aquí le traigo una camiseta rojo vivo y unos vaqueros oscuros más estrechos.
— Estas sandalitas beige son de muy buen gusto.
— Sí, están muy de moda.
— Estos zapatos azul marino van con mi vestido. ¡Padrísimo!

la camisa de lunares
el conjunto verde pálido
la camiseta stampada
la sudadera
la etiqueta
los vaqueros
el calzado

19. **Comentarios sobre moda**

Indique la letra de la foto que corresponde con lo que oye.

1.	La etiqueta dice que es de algodón.	A
2.	Los conjuntos de colores pálidos están muy de moda.	E
3.	Prefiero las sudaderas lisas.	F
4.	Me gusta esta camiseta estampada.	B
5.	Los vaqueros anchos fueron una ganga.	C
6.	Me encantan las corbatas de lunares.	D

Diálogo II
¿Cómo me queda?

Escucha.

PILAR:	¿Te gusta cómo me queda este suéter rojo?
DANIEL:	Sí, pero el rojo es demasiado vivo. ¿No hay otro color más pálido?
PILAR:	Pero el rojo está de moda y lo puedo usar con muchas cosas.
DANIEL:	¿Con qué ropa te va?
PILAR:	Va con el vaquero azul marino, o con la falda beige.
DANIEL:	¿Y qué dice la etiqueta?
PILAR:	La etiqueta dice que es de algodón.
DANIEL:	¿Y está rebajado?
PILAR:	La vendedora me dijo que toda la ropa está de rebaja... Seguro que es una ganga.
DANIEL:	Si tú quieres, te lo compro para tu cumpleaños.
PILAR:	¡Padrísimo! Eres un amigazo.

21. **¿Qué recuerda Ud.?**

1.	¿Cómo dice Daniel que es el rojo del suéter?	Dice que es demasiado vivo.
2.	¿Cómo está el rojo, según Pilar?	Según Pilar, el rojo está de moda.
3.	¿Con qué ropa le va el suéter a Pilar?	Va con el vaquero azul marino o con la falda beige.
4.	¿Qué dice la etiqueta del suéter?	La etiqueta dice que el suéter es de algodón.
5.	¿Qué le dijo la vendedora a Pilar?	Le dijo que toda la ropa está de rebaja.
6.	¿Qué le ofrece Daniel a Pilar?	Le ofrece comprárselo para su cumpleaños.

22. Algo personal
No se dan respuestas.

1. ¿Le gusta comprar ropa?
2. ¿Qué colores de ropa prefiere: los colores vivos o los pálidos?
3. ¿Cuál es su prenda de ropa favorita?
4. ¿Qué tipo de calzado usa más?
5. ¿Lee las etiquetas de la ropa cuando va de compras?
6. ¿Le gusta ir a las tiendas cuando están de rebajas?

Answers will vary.

23. De compras
Indique la letra de la ilustración que corresponde con los diálogos que oye.

1. VENDEDORA: ¿Qué le parecen estos zapatos azul marino? Van muy bien con la falda.
   CLIENTA: No sé, no los encuentro muy cómodos.

   D

2. CLIENTA: Mi hija quiere un suéter de color rosa pálido.
   VENDEDORA: ¿Qué talla usa?

   B

3. CLIENTA: ¿Están de moda las sandalias?
   VENDEDORA: Sí, especialmente las sandalias beige.

   A

4. VENDEDORA: Todas las camisetas están hoy rebajadas a mitad de precio.
   CLIENTA: ¡Qué ganga! Entonces voy a comprar esta camiseta morada.

   C

24. ¿Qué recuerda Ud.?
Conteste las siguientes preguntas.

1. ¿De dónde viene el nombre *tiangui*?

   Viene del nahuatl *tianquiztli,* que quiere decir "mercado".

2. ¿Por qué eran famosos los mercados aztecas?

   Eran famosos por su gran tamaño y la gran variedad de productos que se podía encontrar en ellos.

3. ¿Cómo son los tianguis hoy?

   Son ambulantes y también se puede encontrar de todo.

4. ¿A qué hora empiezan a poner los puestos?

   Empiezan a aparecer a las ocho de la mañana.

5. ¿Qué hace el líder del tiangui?

   Asigna un lugar para cada vendedor y consigue los permisos necesarios.

28. ¿De qué palabra viene?

Las palabras que terminan con un diminutivo o un aumentativo vienen de otras palabras. Diga de qué palabra viene cada una de las siguientes palabras.

`MODELO`   pantaloncito ⟶ pantalón

1.	camisetita	camiseta
2.	zapatote	zapato
3.	sillón	silla
4.	conjuntico	conjunto
5.	verdecita	verde
6.	Robertito	Roberto
7.	rebajita	rebaja
8.	Marianota	Mariana
9.	etiquetica	etiqueta
10.	abrigote	abrigo
11.	vaquerazos	vaqueros
12.	gangota	ganga

Lectura Cultural

Los muralistas mexicanos

Escucha.

En el periodo entre las dos guerras mundiales nació en México el movimiento del muralismo, una corriente artística que usaba murales para decorar edificios públicos, y hacer el arte más accesible al pueblo. Muchas veces trataban temas históricos o de contenido social y político y, en especial, ensalzaban la historia de México. En este movimiento se destacan tres grandes artistas: Diego Rivera, José Clemente Orozco y David Alfaro Siqueiros.

Diego Rivera nació en Guanajato, en 1886. En la Academia de San Carlos, en Ciudad de México, estudió los estilos artísticos tradicionales europeos. Obtuvo una beca para estudiar en Madrid, España, donde se interesó por el cubismo y otras corrientes vanguardistas. De vuelta en México, se dio cuenta de que el arte debía jugar un papel importante en hacer entender a la gente obrera su propia historia. Sus obras más importantes son *La Creación, Tierra y Libertad,* y *El México de mañana.*

José Clemente Orozco nació en Jalisco, en 1883. Estudió en la Academia de San Carlos y se dedicó a pintar, después de haber estudiado agricultura y arquitectura. Sus murales tienen temas más universales que los de Siqueiro y Rivera, con especial énfasis en la crítica social de la vida e historia mexicana. Entre sus obras se encuentran *La trinchera, Hidalgo* y *La huelga.*

David Alfaro Siqueiros nació en Camargo, Chihuahua, en 1886. Estudió también en la Academia de San Carlos y viajó a Europa, donde entró en contacto con los movimientos artísticos de vanguardia. Sus murales se caracterizan por el uso exagerado de la perspectiva, el surrealismo y figuras robustas. Entre sus obras más conocidas están *Del porfirismo a la revolución* y *La nueva democracia.*

31. ¿Qué recuerda Ud.?

1. ¿Qué es el muralismo?

   Es un movimiento que usa la pintura de grandes murales para decorar edificios públicos.

2. ¿Qué tres artistas mexicanos se destacan como muralistas?

   Diego Rivera, José Clemente Orozco, David Alfaro Siqueiros.

3. ¿Qué pensaba Rivera que tenía que hacer el arte?

   Pensaba que tenía que hacer comprender a la gente obrera su propia historia.

4. ¿Cómo son los temas de Orozco?

   Son más universales que los de Siqueiros y Rivera, con especial énfasis en la crítica social de la vida e historia mexicana.

5. ¿Por qué se caracteriza el estilo de Siqueiros?

   Se caracteriza por el uso exagerado de la perspectiva, el surrealismo y las figuras robustas.

32. Algo personal
No se dan respuestas.

1. ¿Alguna vez vio un mural? ¿Dónde? ¿Qué representaba?

   Answers will vary.

2. ¿Por qué cree que estos artistas preferían pintar grandes murales, en lugar de cuadros?

Éste es el fin de la Lección A del Capítulo 9.

◆Lección B

Vocabulario I

En la tintorería

Escucha.

— Esta camisa se ha desteñido y parece gastada.

— Mi chaqueta está manchada.
— La mía está arrugada.

— Este vestido se encogió cuando lo lavé.
— Es mejor lavar la ropa con agua fría para que no se encoja.

— Necesito ver al sastre para que me cosa la cremallera del pantalón.

— ¿Le ajusto la chaqueta o la prefiere más suelta?
— La prefiero suelta... Pero acórteme las mangas, están muy largas.

la solapa
la mancha
el bolsillo
la cremallera
la máquina de coser
el hilo
los alfileres
los botones
las tijeras
las agujas
el cuello
la manga
el metro
la cintura
tomar las medidas

1. **Hablando de ropa...**
   Escuche lo que dicen las siguientes personas y escoja la respuesta correcta para cada oración.

1.	Voy a lavarlo en vez de llevarlo a la tintorería.	B
2.	Después de la lluvia, mis zapatos quedaron muy manchados.	A
3.	¿Por qué te quedan tan estrechos los pantalones?	F
4.	¡Ay, se me cayó un botón!	C
5.	Las mangas de la chaqueta me quedan muy largas.	D
6.	Esta chaqueta me queda suelta.	E

Diálogo I

Este vestido tiene una mancha

Escucha.

INÉS:	Buenas tardes, ¿quitan manchas de la ropa?
EMPLEADO:	Por supuesto, ¿qué necesitan?
INÉS:	Este vestido mío tiene una mancha en el cuello.
EMPLEADO:	¿De qué es la mancha?
INÉS:	No estoy segura.
EMPLEADO:	No se preocupe. Podremos quitar la mancha sin que se encoja el vestido. ¿Y qué le pasa a su vestido?
PILAR:	El mío está desteñido. Lo he usado mucho.
EMPLEADO:	Al suyo vamos a tener que teñirlo del mismo color.
PILAR:	Mi vestido está un poco gastado, ¿cree que quedará bien?
EMPLEADO:	Sí, pero tendremos que coserle el cuello y las mangas para que quede como nuevo.
INÉS:	¿Cuándo estarán listos?
EMPLEADO:	El suyo estará listo mañana, y el de ella, la semana próxima.

3. ¿Qué recuerda Ud.?

1. ¿Qué tiene el vestido de Inés?

    El vestido de Inés tiene una mancha en el cuello.

2. ¿Qué van a hacer en la tintorería con el vestido de Inés?

    Le van a quitar la mancha sin que se encoja el vestido.

3. ¿Qué le sucede al vestido de Pilar?

    Su vestido está desteñido.

4. ¿Qué le van a hacer al vestido de Pilar, además de teñirlo?

    Le van a coser el cuello y las mangas para que quede como nuevo.

5. ¿Cuándo estarán listos los vestidos?

    El vestido de Inés estará listo mañana, y el de Pilar, la semana próxima.

4. Algo personal
No se dan respuestas.

1. ¿Qué prendas lleva Ud. a la tintorería?

    Answers will vary.

2. ¿Qué hace cuando su ropa está manchada?
3. ¿Se le ha encogido alguna vez alguna prenda?
4. ¿Ha ido alguna vez al sastre? ¿Para qué?
5. ¿Sabe Ud. coser?

5. Consejos de sastre
Escuche la conversación entre un sastre y un estudiante sobre cómo se cose una prenda de ropa. Haga una lista de las cosas que se necesitan para coser. No se dan respuestas.

ESTUDIANTE: ¿Qué debo hacer antes de coser una prenda de ropa?

metro; alfileres; aguja; hilo; tijeras; máquina de coser

SASTRE: Debes tomar las medidas con un metro. No puedes coser sin que tomes antes las medidas.

ESTUDIANTE: ¿Qué uso para indicar por dónde debo coser?

SASTRE: Puedes usar alfileres.

ESTUDIANTE: ¿Cómo coso un botón?

SASTRE: Debes usar aguja e hilo.

ESTUDIANTE: ¿Con qué se corta la tela?

SASTRE: La tela se corta siempre con tijeras.

ESTUDIANTE: ¿Cómo coso la prenda de ropa?

SASTRE: Debes coserla con la máquina de coser, con mucho cuidado.

6. **¿Qué sabe de Macario?**
Conteste las siguientes preguntas.

1. ¿Dónde estudió moda Macario?   Estudió en Milán, Italia.
2. ¿Cuántos años tenía Macario cuando   Tenía nueve años.
    empezó a interesarse por la moda?
3. ¿Cómo es el estilo de los diseños de   Es sencillo y ligero.
    Macario?
4. ¿Cuáles son las telas favoritas de   Las telas favoritas son el lino y la seda.
    Macario?
5. ¿Para quién son los diseños de   Son para mujeres de 20 a 40 años.
    Macario?

9. **No lo haga a menos que...**
Imagine que varias personas le cuentan sus problemas y tiene que darles consejos. Con su compañero, túrnense para completar los siguientes consejos. Usen el subjuntivo. No se dan repuestas.

> MODELO   Mónica necesita ir al sastre a fin de que...
>   Mónica necesita ir al sastre a fin de que le ajusten los pantalones.

1. Pónganse las botas aunque...   Answers will vary. They should include
2. Los niños no pueden ir solos a la fiesta   the subjunctive of the verbs used.
    a menos que...
3. Jaime debe llevar los vaqueros a la
    tintorería a fin de que...
4. Ustedes deberán hablar con el profesor
    con tal de que...
5. Compren todo lo que quieran con tal
    de que...
6. Pilar se comprará una máquina de
    coser para que...
7. Estrenarán la película aunque...
8. No laves la camisa con agua y jabón a
    menos que...

Vocabulario II

Joyas, regalos y artesanías

Escucha.

— Al abrir el joyero, se me cayó el collar y ahora está roto.

— Este marco de fotos cuesta 500 pesos. ¡Qué estafa!

— ¿Qué tal si le compro esta medalla a Teresa? ¿Crees que le va a gustar?
— No tengo ni idea de qué joyas le gustan.

— ¿Los suéteres tejidos están hechos a mano?

— Sí, y también el mantel bordado está hecho a mano.

— Los jarrones y las tazas se verían muy bien en mi casa. ¿De qué están hechos?

— Los jarrones están hechos de arcilla, y las tazas, de cerámica.

13. Comentarios sobre regalos

Indique la letra de la foto que corresponde con lo que oye.

1. Esta medalla está hecha de oro.   D
2. Marcos y Antonio estuvieron mirando   C
   atentamente los jarrones de cerámica.
3. Al comprar las estampillas, me olvidé   F
   de comprar sobres.
4. No tengo ni idea de qué foto voy a   B
   poner en el marco de fotos.
5. A mi papá le gusta ponerse gemelos en   A
   la camisa.
6. ¿Qué tal si te compro una cadena de   E
   plata?

Diálogo II

¿Qué tal si compro esto?

Escucha.

PILAR:	No tengo ni idea de lo que le puedo comprar a Rosario para su cumpleaños.
INÉS:	¿Le gustan las artesanías?
PILAR:	No estoy completamente segura si le gustan las cosas hechas a mano.
INÉS:	¿Qué tal si le compras unos papeles de carta y sobres? Son muy bonitos.
PILAR:	No creo que a ella le guste escribir cartas.
INÉS:	¿Y un marco de fotos?
PILAR:	No me convence. Sigamos mirando por otro lado.
INÉS:	¿Qué es eso?
PILAR:	Es un joyero. A ella le encantan las joyas.
INÉS:	¿Has visto el precio?
PILAR:	No... ¡Qué estafa!
INÉS:	Es mejor que le compres una cadena. Va con todo.

15. ¿Qué recuerda Ud.?

1. ¿Sabe Pilar qué le puede comprar a Rosario?

No, no tiene ni idea de lo que le puede comprar.

2. ¿Pilar está segura si a Rosario le gustan las cosas hechas a mano?

No, no está completamente segura si a Rosario le gustan las cosas hechas a mano.

3. ¿Por qué Pilar no quiere comprarle unos papeles de carta y sobres?

No cree que a Rosario le guste escribir cartas.

4. ¿Qué quiere comprarle Pilar?

Pilar quiere comprarle un joyero.

5. ¿Qué dice Pilar acerca del precio del joyero?

Dice que es una estafa.

6. ¿Por qué es una buena idea comprarle una cadena?

Porque una cadena va con todo.

16. Algo personal
No se dan respuestas.

1. ¿Cuáles son sus joyas favoritas?

Answers will vary.

2. ¿Le gustan las artesanías?
3. ¿Cuál ha sido el regalo que recibió que más le gustó?
4. ¿Qué regalos le gusta comprarles a sus amigos?

17. ¿Qué les recomienda?
Escoja qué cosa puede comprar cada persona, según lo que oye.

1. Estoy buscando una caja para poner las joyas. — F
2. Esta chaqueta es muy simple. Me gustaría ponerle algo en la solapa. — D
3. Necesito algo para poner las llaves de mi casa. — A
4. ¿Qué debo comprar para poder enviar la carta? — C
5. Prefiero las artesanías tejidas. ¿Qué me recomienda? — E
6. ¿Qué cosa puedo comprar que sirva para llevar los platos a la mesa? — B

18. ¿Qué leen los chavos?

1. ¿Qué temas se tratan en las revistas para jóvenes mexicanos?

    Se tratan temas de moda, música, cine y entrevistas.

2. Mencione tres revistas para jóvenes.

    Answers will vary but can include: *Tú, Eres, de 15 a 20* and *Teen en español.*

3. ¿Cómo es el lenguaje de estas revistas?

    Es un lenguaje coloquial como el que hablan los chicos y chicas mexicanos y a menudo usan expresiones típicas de los jóvenes mexicanos.

4. ¿Qué secciones fijas pueden encontrarse en estas revistas?

    Pueden encontrarse cartas de los lectores, consejos de salud y belleza, horóscopos y tests.

22. ¿Cómo pudo hacerlo?

Use el gerundio del verbo entre paréntesis para describir cómo hizo estas actividades.

MODELO Pude comprar un broche de oro. (ahorrar)
Ahorrando, pude comprar un broche de oro.

1. Aprendí a tomar las medidas. (practicar)

    Practicando, aprendí a tomar las medidas.

2. Arreglé el cuello de mi vestido. (coser)

    Cosiendo, arreglé el cuello de mi vestido.

3. Pude conseguir un marco de fotos muy barato. (regatear)

    Regateando, pude conseguir un marco de fotos muy barato.

4. Mejoré el color de mi pelo. (teñirme)

    Tiñéndome, mejoré el color de mi pelo.

5. Me puse en forma. (hacer ejercicio)

    Haciendo ejercicio, me puse en forma.

6. Aprendí sobre las artesanías típicas de Oaxaca. (leer)

    Leyendo, aprendí sobre las artesanías típicas de Oaxaca.

Lectura personal

Los tarahumara

Escucha.

Hola, Mariana,
Prometí escribirte a menudo, pero casi no he tenido tiempo. ¡No nos dejan ni descansar! El viaje es fascinante y cada día aprendemos cosas nuevas.

La semana pasada cruzamos el Río Grande, que los mexicanos llaman Río Bravo, y llegamos a México. Ahora estamos explorando los espectaculares paisajes de la Sierra Madre, en el norte del país. Están llenos de barrancos y cascadas, lo cual no es bueno para mi vértigo. Lo pasé bastante mal cuando vimos la Barranca de la Sinforosa, uno de los barrancos más profundos del mundo, más aún que el Cañón del Colorado.

En esta zona viven los indios tarahumara. Estuvimos viviendo con ellos y aprendiendo muchas cosas sobre su cultura y sus costumbres. ¿Sabías que entre los tarahumara es la mujer quien escoge a un hombre tarahumara para que sea su pareja? La mujer le tira una piedrita al hombre que le gusta. Si él está interesado, él le vuelve a tirar la piedrita a ella, y la persigue. Después de pasar el día juntos, ya se consideran casados de por vida.

Los tarahumara tienen una gran reputación como corredores de larga distancia. En 1993, un indio tarahumara ganó la carrera Leadville-100, en Colorado. ¡Tenía 55 años y no llevaba tenis, sino sus huaraches tradicionales, que es un tipo de zapato con suela de caucho! ¡Él dijo que incluso se paró a mirar el paisaje...!

Bueno, me voy a dormir, porque mañana iremos al D.F., la capital. Ya te contaré más cosas muy pronto.

Besos, Luis

25. ¿Qué recuerda Ud.?

1. ¿Qué barranco en la Sierra Madre es más profundo que el Cañón del Colorado?	La Barranca de la Sinforosa.
2. ¿Dónde viven los indios tarahumara?	Viven en la zona de la Sierra Madre, en el norte de México.
3. ¿Cómo eligen pareja las mujeres tarahumara?	La mujer le tira una piedra al hombre que, si está interesado, se la devuelve.
4. ¿Por qué se conoce a los indios tarahumara?	Se les conoce como grandes corredores de larga distancia.

26. Algo personal
No se dan respuestas.

1. ¿Ha participado en alguna carrera? ¿Cuál?   Answers will vary.
2. ¿Qué le gustaría preguntarle a un indio tarahumara?

Éste es el fin de la Lección B del Capítulo 9.

¡Viento en popa!

Ud. lee

El delantal blanco (Fragmento)

Escucha.

En esta obra de teatro, una señora, su hijo Alvarito y la empleada están en la playa. La señora piensa que el mundo está dividido en dos grupos: el de los que tienen dinero y distinción, como ella, y el de los que no lo tienen, como su empleada.

Para demostrar que estas diferencias van más allá de la ropa que llevan, la señora le propone a la empleada, como juego, que se intercambien la ropa.

El fragmento que sigue está hacia el final de la obra. En él, la señora ya va vestida como la empleada, y la empleada lleva la ropa de la señora. Al final de la obra, la empleada se queda en la playa tranquilamente con Alvarito.

Una pelota de goma, impulsada por un niño que juega cerca, ha caído a los pies de LA EMPLEADA. Ella la mira y no hace ningún movimiento. Luego mira a LA SEÑORA. Ésta, instintivamente, se dirige a la pelota y la tira en la dirección en que vino. LA EMPLEADA busca en la bolsa de playa de LA SEÑORA y se pone sus anteojos para el sol.

LA SEÑORA:	*(Molesta.)* ¿Quién te ha autorizado para que uses mis anteojos?
LA EMPLEADA:	¿Cómo se ve la playa vestida con un delantal blanco?
LA SEÑORA:	Es gracioso. ¿Y tú? ¿Cómo ves la playa ahora?
LA EMPLEADA:	Es gracioso.
LA SEÑORA:	*(Molesta.)* ¿Dónde está la gracia?
LA EMPLEADA:	En que no hay diferencia.
LA SEÑORA:	¿Cómo?
LA EMPLEADA:	Ud. con el delantal blanco es la empleada, yo con este blusón y los anteojos oscuros soy la señora.
LA SEÑORA:	¿Cómo?... ¿Cómo te atreves a decir eso?
LA EMPLEADA:	¿Se habría molestado en recoger la pelota si no estuviese vestida de empleada?
LA SEÑORA:	Estamos jugando.
LA EMPLEADA:	¿Cuándo?
LA SEÑORA:	Ahora.
LA EMPLEADA:	¿Y antes?
LA SEÑORA:	¿Antes?
LA EMPLEADA:	Sí. Cuando yo estaba vestida de empleada...
LA SEÑORA:	Eso no es juego. Es la realidad.
LA EMPLEADA:	¿Por qué?
LA SEÑORA:	Porque sí.
LA EMPLEADA:	Un juego... un juego más largo... como el "paco-ladrón". A unos les corresponde ser "pacos", a otros "ladrones".
LA SEÑORA:	*(Indignada.)* ¡Ud. se está insolentando!
LA EMPLEADA:	¡No me grites! ¡La insolente eres tú!
LA SEÑORA:	¿Qué significa eso? ¿Ud. me está tuteando?
LA EMPLEADA:	¿Y acaso tú no me tratas de tú?
LA SEÑORA:	¿Yo?
LA EMPLEADA:	Sí.
LA SEÑORA:	¡Basta ya! ¡Se acabó este juego!
LA EMPLEADA:	¡A mí me gusta!
LA SEÑORA:	¡Se acabó! *(Se acerca violentamente a LA EMPLEADA.)*
LA EMPLEADA:	*(Firme.)* ¡Retírese!
	LA SEÑORA se detiene sorprendida.
LA SEÑORA:	¿Te has vuelto loca?
LA EMPLEADA:	¡Me he vuelto señora!
LA SEÑORA:	Te puedo despedir en cualquier momento.
LA EMPLEADA:	*(Explota en grandes carcajadas, como si lo que hubiera oído fuera el chiste más gracioso que jamás ha escuchado.)*
LA SEÑORA:	¿Pero de qué te ríes?
LA EMPLEADA:	*(Sin dejar de reír.)* ¡Es tan ridículo!
LA SEÑORA:	¿Qué? ¿Qué es tan ridículo?
LA EMPLEADA:	Que me despida... ¡vestida así! ¿Dónde se ha visto a una empleada despedir a su patrona?
LA SEÑORA:	¡Sácate esos anteojos! ¡Sácate el blusón! ¡Son míos!
LA EMPLEADA:	¡Vaya a ver al niño!

LA SEÑORA:	Se acabó el juego, te he dicho. O me devuelves mis cosas o te las saco.
LA EMPLEADA:	¡Cuidado! No estamos solas en la playa.
LA SEÑORA:	¿Y qué hay con eso? ¿Crees que por estar vestida con un uniforme blanco no van a reconocer quién es la empleada y quién la señora?
LA EMPLEADA:	*(Serena.)* No me levante la voz. *LA SEÑORA, exasperada, se lanza sobre LA EMPLEADA y trata de sacarle el blusón a viva fuerza.*
LA SEÑORA:	*(Mientras forcejea)* ¡China! ¡Ya te voy a enseñar quién soy! ¿Qué te has creído? ¡Te voy a meter presa! *Un grupo de bañistas ha acudido a ver la riña. Dos JÓVENES, una MUCHACHA y un SEÑOR de edad madura y de apariencia muy distinguida. Antes que puedan intervenir, LA EMPLEADA ya ha dominado la situación manteniendo bien sujeta a LA SEÑORA contra la arena. Ésta sigue gritando* ad libitum *expresiones como: "rota cochina"…."ya te la vas a ver con mi marido"… "te voy a mandar presa"… "esto es el colmo," etc., etc.*
UN JOVEN:	¿Qué sucede?
EL OTRO JOVEN:	¿Es un ataque?
LA JOVENCITA:	Se volvió loca.
UN JOVEN:	Puede que sea efecto de una insolación.
EL OTRO JOVEN:	¿Podemos ayudarla?
LA EMPLEADA:	Sí, por favor. Llévensela. Hay una posta por aquí cerca…
EL OTRO JOVEN:	Yo soy estudiante de Medicina. Le pondremos una inyección para que se duerma por un buen tiempo.
LA SEÑORA:	¡Imbéciles! ¡Yo soy la patrona! Me llamo Patricia Hurtado, mi marido es Álvaro Jiménez, el político…
LA JOVENCITA:	*(Riéndose.)* Cree ser la señora.
UN JOVEN:	Está loca.
EL OTRO JOVEN:	Un ataque de histeria.
UN JOVEN:	Llevémosla.
LA EMPLEADA:	Yo no los acompaño… Tengo que cuidar a mi hijito… Está ahí, bañándose…
LA SEÑORA:	¡Es una mentirosa! ¡Nos cambiamos de vestido sólo por jugar! ¡Ni siquiera tiene traje de baño! ¡Debajo del blusón está en calzones! ¡Mírenla!
EL OTRO JOVEN:	*(Haciéndole un gesto al JOVEN.)* ¡Vamos! Tú la tomas por los pies y yo por los brazos.
LA JOVENCITA:	¡Qué risa! ¡Dice que está en calzones! *Los dos JÓVENES toman a LA SEÑORA y se la llevan, mientras ésta se resiste y sigue gritando.*
LA SEÑORA:	¡Suéltenme! ¡Yo no estoy loca! ¡Es ella! ¡Llamen a Alvarito! ¡Él me reconocerá!

A. ¿Qué recuerda Ud.?

1.	¿A qué juego juegan la señora y la empleada?	Juegan a cambiarse de ropa y a ser la otra persona.
2.	¿Qué hace la empleada que le molesta a la señora?	Empieza a actuar como la señora.
3.	¿Cuál es la actitud de la señora al final?	No le gusta el juego y quiere parar.
4.	¿Cómo acaba la obra?	Se llevan a la señora y la empleada se queda tranquilamente en la playa, con Alvarito.

B. Algo personal

No se dan respuestas.

1. ¿Le parece interesante el juego de la empleada y la señora? ¿Por qué?
2. ¿Qué cree que pasaría después, en la obra?
3. ¿Cree Ud. que es posible que haya igualdad en la relación entre la señora y la empleada? ¿Por que sí o por qué no?

Answers will vary.

Trabalenguas

Escucha y repite.

Pedro Pérez peluquero prefiere peines Pirámide porque peines Pirámide peinan perfectamente. ¡Prefiera peines Pirámide!

Éste es el fin de la sección ¡Viento en popa! del Capítulo 9.

Capítulo $\boxed{10}$ Nuestro futuro

Lección A

Vocabulario I

Planes para el futuro

Escucha.

— Desde pequeña, quería ser diseñadora de moda y tener un puesto en una compañía famosa de ropa.

— Aprendí informática el año pasado, pero quiero ir a la universidad para continuar mis estudios y ser especialista en ese campo.

— Solicité una beca en la universidad para estudiar psicología. Confío en que me la den.

— Cuando me gradúe, quiero estudiar arquitectura y hacer prácticas en una empresa.

— Mi sueño es estudiar relaciones públicas y tener una empresa. Estoy segura de que valgo para ser empresaria.

— No sólo me gusta la ingeniería sino que también me especializo en construcción.

la diseñadora
el especialista en informática
la arquitecta
la empresaria
el electricista
el fontanero

1. **¿Qué carrera puedo seguir?**

   Escuche lo que dicen las siguientes personas sobre lo que les gustaría ser en el futuro. Diga a qué profesión o trabajo se refiere cada una.

   1. ESTEBAN: Me gusta diseñar edificios y casas.   C
   2. CARLOS: Siempre me interesó trabajar con la electricidad.   A
   3. ANA: Me gusta mucho la ropa y todo lo que se refiere a la moda.   B
   4. ROLANDO: Mi sueño es tener una empresa algún día.   B
   5. PEDRO: Me gustaría ayudar a la gente con sus problemas emocionales.   B
   6. MÓNICA: Me fascina la informática y pienso especializarme en ese campo.   A

Diálogo I

¿Qué carrera piensas seguir?

Escucha.

EMILIO: ¿Qué carrera piensas seguir cuando te gradúes, Virginia?
VIRGINIA: Me voy a especializar en relaciones públicas. ¿Y tú?
EMILIO: Arquitectura. Como mi papá es arquitecto, podré hacer prácticas donde él trabaja.

LUCAS: A mí me gusta la construcción. Todavía no sé si quiero trabajar de fontanero o de electricista.
VIRGINIA: ¿Y no te gustaría estudiar ingeniería?
LUCAS: Quizás, pero necesitaría solicitar una beca en la universidad.

EMILIO: ¿Por qué no averiguas qué becas ofrece la universidad? O también puedes conseguir un trabajo mientras continúas tus estudios.
LUCAS: Es una buena idea. Gracias, Emilio.

3. ¿Qué recuerda Ud.?

1. ¿Qué carrera le interesa a Virginia?   Le interesan las relaciones públicas.
2. ¿Qué va a estudiar Emilio?   Emilio va a estudiar arquitectura.
3. ¿Qué le gusta a Lucas?   A Lucas le gusta la construcción.
4. ¿Qué necesitaría Lucas para estudiar en la universidad?   Necesitaría una beca.
5. ¿Qué otra cosa puede hacer Lucas?   Puede conseguir un trabajo mientras continúa sus estudios.

4. Algo personal
No se dan respuestas.

1. ¿Qué carrera piensa seguir Ud.?   Answers will vary.
2. ¿Haría prácticas después de graduarse?
3. ¿Dónde le gustaría conseguir un puesto?
4. ¿Qué opina de las becas?

5. La gente y sus trabajos
Indique la letra de la foto que corresponde con lo que oye.

1. A Elena le encantaría ser diseñadora de moda pero tendría que solicitar una beca para estudiar.   D
2. Pedro pudo hacer prácticas en la empresa de arquitectura porque su padre es uno de los arquitectos del lugar.   A
3. Enrique trabaja en construcción como fontanero.   E
4. El sueño de Alberto es ser psicólogo.   B
5. Alejandro no quiere trabajar en la tienda sino que quiere ser electricista.   C

6. Universidades de España
Conteste las siguientes preguntas.

1. ¿Cuándo surgieron las primeras universidades de la historia?   Surgieron en la Edad Media, en Europa.
2. ¿Cómo nacieron las universidades?   Nacieron a partir de la asociación gremial de maestros y aprendices.
3. ¿Cuáles fueron los primeros estudios?   Los primeros estudios fueron de teología y filosofía.
4. ¿Cuál fue la primera universidad de la Península Ibérica?   La primera universidad de la Península Ibérica fue la Universidad de Palencia, fundada en 1208.

Vocabulario II

Cómo prepararse para una entrevista

Escucha.

— Necesito que rellene el formulario y me dé su currículum vitae.
— Tengo también referencias de mi antiguo trabajo.

— Busco un trabajo que sea fijo y de jornada completa.
— Yo necesito un trabajo temporal de media jornada porque estudio.

— Me especializo en relaciones públicas.
— Yo tengo facilidad para las matemáticas.

— ¿Hace cuánto tiempo que no trabaja?
— Estoy en paro desde el año pasado.

— Dudo que me contraten porque nunca he trabajado en equipo. Siempre he trabajado por mi cuenta.

— Soy emprendedor y tengo conocimientos de informática.
— Estoy seguro de que usted cumple con los requisitos para el trabajo. Lo pondré a prueba por una semana.
— Muchas gracias. Pero... ¿Cuál será mi sueldo? ¿Y los beneficios?

el formulario
el jefe

10. **Hablando del trabajo**

    Escuche las oraciones. Escoja la palabra o frase que completa correctamente cada oración que sigue para que su significado sea similar al de la oración que oye.

    1. Hace un año que mi hermano está sin trabajo.   en paro

    2. En la entrevista, el jefe le dijo Juan cuánto dinero le iban a pagar por su trabajo.   su sueldo

    3. Dudo que el trabajo sea de lunes a viernes, de 9:00 a 5:00.   de jornada completa

    4. Antes de la entrevista, hay que escribir información en un documento especial.   rellenar un formulario

    5. Soy muy bueno para las matemáticas.   Tengo facilidad
    6. Mis amigos dicen que soy una persona que siempre está haciendo cosas nuevas.   emprendedora

Diálogo II

¿Tiene Ud. referencias?

Escucha.

VIRGINIA: Estoy interesada en el puesto de secretaria.
JEFE: Muy bien. ¿Rellenó ya el formulario?
VIRGINIA: Sí, aquí lo tengo.
JEFE: ¿Tiene su currículum vitae?
VIRGINIA: Sí, aquí está.

JEFE: Es importante que tenga conocimientos de informática.
VIRGINIA: Pues, estudié en el colegio. Y tengo facilidad para las matemáticas.
JEFE: ¿Ha trabajado en equipo antes?
VIRGINIA: Sí, el año pasado.

JEFE: ¿Qué tipo de trabajo busca?
VIRGINIA: De media jornada.
JEFE: Es posible que haya un puesto de media jornada. Otra pregunta: ¿Tiene referencias?
VIRGINIA: No, me las olvidé.
JEFE: Bueno, la pondré a prueba igualmente. Empieza mañana.

12. ¿Qué recuerda Ud.?

1. ¿Qué es lo primero que le pregunta el jefe a Virginia?   Lo primero que le pregunta el jefe es si rellenó el formulario.
2. ¿Tiene Virginia su currículum vitae?   Sí, lo tiene.
3. ¿Qué conocimientos tiene Virginia?   Tiene conocimientos de informática.
4. ¿Para qué tiene facilidad Virginia?   Tiene facilidad para las matemáticas.
5. ¿Qué tipo de trabajo busca Virginia?   Busca un trabajo de media jornada.
6. ¿Qué hace el jefe cuando Virginia le dice que se olvidó las referencias?   Le dice que la pondrá a prueba igualmente.

13. Algo personal

No se dan respuestas.

1. ¿Ha tenido alguna vez una entrevista de trabajo?   Answers will vary.
2. ¿Tiene ya su currículum vitae?
3. ¿Qué conocimientos tiene Ud.?
4. ¿Para qué tiene facilidad?
5. ¿Le gustaría trabajar en equipo o por su cuenta?
6. ¿Qué beneficios le gustaría tener en su trabajo?

14. **¿Cuál fue la pregunta?**

Escuche las siguientes respuestas y escoja la pregunta que corresponde a cada una.

1. Hace seis meses que estoy en paro.   B
2. Los requisitos son presentar el   C
   currículum vitae y dos referencias.
3. Trabajo por mi cuenta.   F
4. El trabajo es temporal porque es sólo   E
   por dos meses.
5. Me especializo en psicología pero me   A
   encantan las ciencias.
6. Necesita rellenar un formulario.   D

15. **¿Cómo es su currículum?**

Conteste las siguientes preguntas.

1. ¿En qué se diferencia su currículum   Answers will vary.
   del de Carolina García?
2. ¿Qué datos tendría que incluir en su
   currículum para buscar trabajo en
   España?
3. ¿Cuál es, según Ud., el dato más
   importante de su currículum?

Lectura Cultural

Carreras con futuro

Escucha.

Los tiempos han cambiado y con la llegada de las nuevas tecnologías, también lo han hecho el mercado de trabajo y las profesiones. Ahora, el trabajo estable tradicional ya no es la única opción. Según opinan los expertos, hay una tendencia hacia los trabajos temporales, que serán lo más habitual en el futuro. También habrá más movilidad geográfica (es decir, que el trabajador tendrá que ser flexible a la hora de mudarse a otra ciudad o incluso país) y especialización.

Las profesiones y oficios en los que hoy en día hay más posibilidades de encontrar trabajo son las relacionadas con ingeniería, informática, química, farmacia y biología. Por el contrario, no hay muchos puestos para carreras de humanidades.

Los sectores con más futuro incluyen el medio ambiente, la comunicación, las telecomunicaciones, el ocio, el transporte, los servicios financieros, la construcción, los seguros y la asistencia a la tercera edad.

A la hora de decidir qué carrera estudiar, es importante tener en cuenta si será fácil encontrar trabajo en ese campo. Mientras que las carreras tradicionales, como las de derecho, medicina y economía siempre tendrán demanda, hay nuevos estudios que también serán importantes. Entre ellos se encuentran la ingeniería de sistemas informáticos, la ingeniería de telecomunicaciones (que cubre las redes informáticas, la tecnología digital y la electrónica), el diseño industrial, que combina las artes con la tecnología, las ciencias ambientales, la biotecnología, la traducción, la cirugía médica con especialización en los transplantes de órganos, el comercio por la internet y la administración y mercadeo.

22. ¿Qué recuerda Ud.?

1. ¿Cómo es el mercado de trabajo actual?

2. ¿Qué profesiones tienen más posibilidades de encontrar trabajo hoy?

3. Mencione tres nuevos estudios que serán importantes en el futuro.

Hay una tendencia hacia los trabajos temporales, la movilidad y la especialización.
Las profesiones relacionadas con ingeniería, informática, química, farmacia y biología.
Answers will vary but may include: el diseño industrial, las ciencias ambientales, el mercadeo, el comercio por la internet.

23. Algo personal
No se dan respuestas.

1. ¿Cuál de las carreras y profesiones que se mencionan en el texto le interesa más? ¿Por qué?

2. En el futuro, ¿aceptaría Ud. un trabajo en el que tuviera que mudarse a otra ciudad? ¿En qué condiciones?

Answers will vary.

Éste es el fin de la Lección A del Capítulo 10.

 **Lección B**

Vocabulario I

¿Qué nos traerá el futuro?

Escucha.

— ¿Qué inventos predices que habría si estuviéramos en el año 2025?
— Yo creo que si estuviéramos en el año 2025, habría muchos avances tecnológicos y científicos. Soy muy optimista.
— Yo soy pesimista. Creo que la genética no se habrá desarrollado mucho y todavía habrá muchos virus que causen enfermedades.
— Hoy en día usamos satélites en el espacio para comunicarnos con todo el mundo. Un día nos comunicaremos con otros planetas.

los genes
el virus
el microscopio
la realidad virtual
la pantalla de alta definición
el satélite
el transbordador espacial
la estación espacial

el astronauta
el espacio

- El satélite es un medio de comunicación.

1.   **En el futuro**
     Indique la letra de la foto que corresponde con lo que oye.

     1.   Me gustaría que hubiera más juegos de   E
          realidad virtual.
     2.   Si pudiera, me compraría una pantalla   F
          de alta definición.
     3.   Los microscopios se habrán usado para   D
          estudiar los genes.
     4.   Los satélites hacen posible que la gente   B
          se comunique con todo el mundo.
     5.   Si los astronautas tuvieran miedo de   A
          volar, no viajarían al espacio.
     6.   Los viajes en transbordadores serán   C
          muy comunes en el futuro.

Diálogo I

¿Qué piensas de las nuevas tecnologías?

Escucha.

LUIS:	El otro día leí un artículo sobre cuáles habrán sido los avances tecnológicos en los próximos años.
DELIA:	¿Qué decía el artículo?
LUIS:	Decía que en unos años habrán desarrollado una televisión de realidad virtual.
DELIA:	¡Qué fascinante! ¿Qué otras cosas decía el artículo?
LUIS:	Predecía que en el futuro habrán instalado estaciones espaciales y que todas las personas podrán viajar usando transbordadores espaciales.
DELIA:	Me gustaría que ya pudiéramos disfrutar de estos avances tecnológicos. Me encantaría volar al espacio.
LUIS:	Tranquila... todavía faltan muchos años para eso.
DELIA:	¡Qué pesimista! El futuro está muy cerca.

3. **¿Qué recuerda Ud.?**

1. ¿Qué habrán desarrollado en unos años, según el artículo?

   En unos años, habrán desarrollado una televisión de realidad virtual.

2. ¿Qué predecía el artículo?

   El artículo predecía que en el futuro habrán instalado estaciones espaciales.

3. ¿Qué podrán hacer todas las personas?

   Todas las personas podrán viajar al espacio usando transbordadores espaciales.

4. ¿Qué le gustaría a Delia?

   A Delia le gustaría que ya pudieran disfrutar de estos avances tecnológicos.

5. ¿Por qué Luis es pesimista, según Delia?

   Porque dice que todavía faltan muchos años para que se pueda viajar al espacio.

4. **Algo personal**
No se dan respuestas.

1. ¿Qué avance tecnológico de la actualidad es su preferido?

   Answers will vary.

2. ¿Sobre qué avance tecnológico del futuro le interesaría saber más?

3. ¿Cómo se imagina Ud. que será el futuro?

4. ¿Le gustaría poder volar al espacio en un transbordador espacial?

5. ¿Qué avances científicos le gustaría a Ud. que hubiera en el futuro?

5. **Nuevos inventos**
Escuche los siguientes diálogos y diga a qué foto se refiere cada uno.

1. A: ¿Te imaginas si no tuviéramos los celulares? ¿Cómo nos comunicaríamos?
   B: Usaríamos los teléfonos comunes, o nos comunicaríamos por carta.

   D

2. A: ¿Crees que en el futuro la gente vivirá en estaciones espaciales?
   B: Sí, creo que en unos treinta años la gente ya se habrá mudado a las estaciones espaciales.

   B

3. A: ¿Qué avances en genética habrá habido en el futuro?
   B: Los científicos habrán descubierto cómo curar muchas de las enfermedades de hoy en día.

   A

4. A: ¿Qué harías si no tuvieras los inventos de hoy en día?
   B: Me sería muy difícil trabajar si no tuviera inventos como la computadora.

   C

6. Un astronauta español

Conteste las siguientes preguntas.

1. ¿Quién es Pedro Duque?	Es un astronauta español.
2. ¿Cuál fue su segunda misión espacial?	Se segunda misión fue ir a la Estación Espacial Internacional.
3. ¿Cuánto tiempo se puede pasar en la Estación Espacial, según Duque?	Se puede pasar tanto tiempo como se quiera.
4. ¿Cómo es el aterrizaje, según Duque?	El aterrizaje es más brusco que el despegue.

Vocabulario II

Cómo proteger nuestro planeta

Escucha.

— Hoy en día hay escasez de recursos naturales.
— Debemos usar otros tipos de energía, como la energía solar, para que los recursos naturales no se agoten.
— No arroje desperdicios químicos.

el águila calva
la foca
la fábrica
la ballena
el agujero
la botella de vidrio

13. Sobre el medio ambiente

Escoja la respuesta que contesta correctamente cada pregunta que oye.

1.	¿Quiénes se encuentran en peligro de extinción?	B
2.	¿Qué cosas contaminan el medio ambiente?	A
3.	¿Qué tiene la capa de ozono hoy en día?	B
4.	¿Quiénes arrojan desperdicios químicos?	A
5.	¿Qué se debe hacer para que no se agoten los recursos naturales?	B

Diálogo II
Cuidemos el medio ambiente

Escucha.

DELIA: Luis, cuando termines de tomar el refresco, recicla la lata.

LUIS: Yo siempre reciclo latas, aerosoles, papel y vidrio.

DELIA: Bien hecho. Es importante que todos protejamos el medio ambiente.

LUIS: También es necesario que conservemos los recursos naturales. Es posible que se agoten si no los cuidamos.

DELIA: ¿Esto nos afectaría a todos, verdad?

LUIS: Por supuesto... incluyendo a los animales.

LUIS: ¿Qué animales se encuentran ya en peligro de extinción?

DELIA: Pues, las ballenas y las focas.

LUIS: ¡Qué pena! Debemos hacer algo. No podemos seguir dañando nuestro planeta.

16. ¿Qué recuerda Ud.?

1. ¿Qué tiene que hacer Luis cuando termine de tomar el refresco?

   Cuando termine de tomar el refresco, tiene que reciclar la lata.

2. ¿Qué recicla siempre Luis?

   Luis recicla siempre latas, aerosoles, papel y vidrio.

3. ¿Por qué es necesario que conservemos los recursos naturales?

   Es necesario que conservemos los recursos naturales porque es posible que se agoten.

4. ¿A quiénes afectaría si los recursos se agotaran?

   Si los recursos se agotaran, afectaría a todos.

5. Nombre dos animales que se encuentran en peligro de extinción.

   La ballena y la foca.

17. Algo personal
No se dan respuestas.

1. ¿Qué hace Ud. para conservar el medio ambiente?

   Answers will vary.

2. ¿Qué cosas recicla?

3. ¿Qué recursos naturales cree Ud. que se pueden agotar si no los conservamos?

4. ¿Qué otros animales conoce que estén en peligro de extinción?

18. **¿Qué sugieren?**

Escriba en una hoja los nombres Enrique, Óscar y Amalia. Escuche lo que dicen ellos y haga una lista de las cosas que sugiere cada uno para proteger el planeta.

ENRIQUE: Es importante que cuidemos los animales. Existen muchas especies en peligro de extinción. Es necesario que no dañemos más especies.

Enrique: cuidar a los animales, no dañar a más especies

ÓSCAR: Debemos proteger la atmósfera. Aunque la gente no lo crea, los aerosoles son muy peligrosos. El uso de los aerosoles daña la atmósfera. Es importante que la gente no use más aerosoles.

Óscar: proteger la atmósfera, la gente no debe usar más aerosoles

AMALIA: No debemos permitir que las empresas arrojen desperdicios químicos en los océanos. Es importante que la gente sepa que hay que conservar las aguas del planeta.

Amalia: no permitir que las empresas arrojen desperdicios químicos en los océanos; hay que conservar las aguas del planeta.

19. **Un desastre en el océano**
    Conteste las siguientes preguntas.

    1. ¿Qué pasó en las costas de Galicia en noviembre de 2002?

    Hubo un derrame de petróleo.

    2. ¿Qué es el chapapote?

    3. ¿Cómo afectó el derrame a la región?

    Es el desecho petrolífero.
    Afectó a la flora y la fauna; miles de pájaros y peces murieron, y muchos pescadores se quedaron sin trabajo.

    4. ¿Qué tuvieron que hacer algunos voluntarios?

    Tuvieron que pagarse ellos mismos el boleto hasta Galicia y comprarse los overoles de plástico, botas y guantes necesarios para limpiar.

27. Predicciones

Complete las siguientes predicciones de una manera original, usando el subjuntivo. No se dan respuestas.

MODELO Contaminaremos la atmósfera a menos que...
Contaminaremos la atmósfera a menos que dejemos de usar aerosoles.

1. Necesitaremos pantallas de alta definición para que...   Answers will vary.
2. Buscaremos trabajo tan pronto como...
3. Trabajaremos hasta que...
4. Viajaremos en transbordadores espaciales a menos que...
5. Resolveremos muchos problemas del medio ambiente en cuanto...
6. Encontraremos curas para muchas enfermedades cuando...

Lectura personal

El Coto de Doñana

Escucha.

Queridos Papá y Mamá,

Hoy volvimos a estar en contacto directo con la naturaleza, después de nuestros últimos días de ciudad en ciudad. Por la mañana, llegamos al Coto de Doñana, que está en Huelva, en el suroeste de España. Es el parque natural protegido más importante de España. El ecosistema de Doñana es fascinante. En este parque hay tres zonas: cotos, marismas y dunas.

El guía nos asustó un poco, porque nos comenzó a explicar cómo evitar víboras, escorpiones y otras alimañas que viven allí. ¡Yo pensé que lo peor había quedado atrás, en las montañas de Costa Rica! Pero también nos habló de los bellos e interesantes animales que íbamos a ver en el parque. Y el más especial es el lince, un felino que vive en Doñana y que está en peligro de extinción.

En los cotos es donde hay más animales. Vimos toros y caballos salvajes, jabalíes, ciervos y gamos. La vegetación también es muy distinta. Me sorprenden especialmente los jaguarzos, unos arbustos de hermosas flores amarillas, y las plantas aromáticas, como el tomillo y la lavándula.

En Trebujena, un pueblo cercano a Doñana, nos subimos a unos botes especiales para pescar angulas. Estas barcas se llaman cuchareras y ¿saben por qué? ¡Porque antiguamente se pescaban las angulas con cucharas! ¡Vaya trabajo!

Al bajar de la barca, paseamos durante horas por la playa de Doñana, que es de una arena blanca finísima.

Las dunas también son muy bonitas. Caminando en medio de las dunas, ¡parecía que estábamos en el desierto! Y, de vez en cuando, entre estas montañas de arena, hay oasis de pinos, que se llaman corrales. ¡Es precioso!

Pero para mí, el momento más especial del día fue cuando el guía nos señaló entre unos arbustos un bello y extraño animal: ¡era un lince!

Besos y hasta muy pronto,
Esperanza

29. ¿Qué recuerda Ud.?

1. ¿Qué tres zonas tiene el Coto de Doñana?

   Las tres zonas son cotos, marismas y dunas.

2. ¿Qué animales se pueden ver en el coto?

   Se pueden ver gamos, ciervos, toros, caballos salvajes y jabalíes, además del lince.

3. ¿Qué son las cuchareras?

   Son botes especiales para pescar angulas.

4. ¿Qué animal en peligro de extinción vive en Doñana?

   El lince vive en Doñana.

30. Algo personal
No se dan respuestas.

1. ¿Cuál es el animal más especial que ha visto Ud.? ¿Dónde y cuándo lo vio?

   Answers will vary.

2. ¿Le gustaría visitar el Coto de Doñana? ¿Por qué?

Éste es el fin de la Lección B del Capítulo 10.

¡Viento en popa!

Ud. lee

Vuelva usted mañana

Escucha.

A continuación Ud. va a leer un fragmento del artículo de costumbre de Larra "Vuelva usted mañana". En él, el periodista comenta lo que le sucedió a un francés que fue a España a hacer negocios. Él pensaba que sus problemas se resolverían en quince días, pero Larra le dice que, debido a la forma de ser de los españoles dentro de 15 meses aún estaría en el país. Finalmente, el extranjero se marcha, después de 6 meses, sin haber conseguido nada.

Un extranjero de éstos fue el que se presentó en mi casa, provisto de competentes cartas de recomendación para mi persona. Asuntos intrincados de familia, reclamaciones futuras, y aun proyectos vastos concebidos en París de invertir aquí sus cuantiosos caudales en tal o cual especulación industrial o mercantil, eran los motivos que a nuestra patria le conducían.

Acostumbrado a la actividad en que viven nuestros vecinos, me aseguró formalmente que pensaba permanecer aquí muy poco tiempo, sobre todo si no encontraba pronto objeto seguro en que invertir su capital. Parecióme el extranjero digno de alguna consideración, trabé presto amistad con él, y lleno de lástima traté de persuadirle a que se volviese a su casa cuanto antes, siempre que seriamente trajese otro fin que no fuese el de pasearse. Admiróle la proposición, y fue preciso explicarme más claro.

—Mirad —le dije—, monsieur Sans-Délai, —que así se llamaba—; vos venís decidido a pasar quince días, y a solventar en ellos vuestros asuntos.

—Ciertamente —me contestó—. Quince días, y es mucho. Mañana por la mañana buscamos un genealogista para mis asuntos de familia; por la tarde revuelve sus libros, busca mis ascendientes, y por la noche ya sé quién soy. En cuanto a mis reclamaciones, pasado mañana las presento fundadas en los datos que aquél me dé, legalizados en debida forma; y como será una cosa clara y de justicia innegable (pues sólo en este caso haré valer mis derechos), al tercer día se juzga el caso y soy dueño de lo mío. En cuanto a mis especulaciones, en que pienso invertir mis caudales, al cuarto día ya habré presentado mis proposiciones. Serán buenas o malas, y admitidas o desechadas en el acto, y son cinco días; en el sexto, séptimo y octavo, veo lo que hay que ver en Madrid; descanso el noveno; el décimo tomo mi asiento en la diligencia, si no me conviene estar más tiempo aquí, y me vuelvo a mi casa; aún me sobran de los quince, cinco días.

Al llegar aquí monsieur Sans-Délai, traté de reprimir una carcajada que me andaba retozando ya hacía rato en el cuerpo, y si mi educación logró sofocar una inoportuna jovialidad, no fue bastante a impedir que se asomase a mis labios una suave sonrisa de asombro y de lástima que sus planes ejecutivos me sacaban al rostro mal de mi grado.

—Permitidme, monsieur Sans-Délai —le dije entre socarrón y formal—, permitidme que os convide a comer para el día en que llevéis quince meses de estancia en Madrid.

—¿Cómo?

—Dentro de quince meses estáis aquí todavía.

—¿Os burláis?

—No por cierto.

—¿No me podré marchar cuando quiera? ¡Cierto que la idea es graciosa!

—Sabed que no estáis en vuestro país, activo y trabajador.

—¡Oh!, los españoles que han viajado por el extranjero han adquirido la costumbre de hablar mal de su país por hacerse superiores a sus compatriotas.

—Os aseguro que en los quince días con que contáis, no habréis podido hablar siquiera a una sola de las personas cuya cooperación necesitáis.

—¡Hipérboles! Yo les comunicaré a todos mi actividad.

—Todos os comunicarán su inercia.

Conocí que no estaba el señor de Sans-Délai muy dispuesto a dejarse convencer sino por la experiencia, y callé por entonces, bien seguro de que no tardarían mucho los hechos en hablar por mí.

Amaneció el día siguiente, y salimos entrambos a buscar un genealogista, lo cual sólo se pudo hacer preguntando de amigo en amigo y de conocido en conocido. Encontrámosle por fin, y el buen señor, aturdido de ver nuestra precipitación, declaró francamente que necesitaba tomarse algún tiempo; instósele, y por mucho favor nos dijo definitivamente que nos diéramos una vuelta por allí dentro de unos días. Sonreíme y marchámonos. Pasaron tres días: fuimos.

—Vuelva usted mañana —nos respondió la criada—, porque el señor no se ha levantado todavía.

—Vuelva usted mañana —nos dijo al siguiente día—, porque el amo acaba de salir.

—Vuelva usted mañana —nos respondió al otro—, porque el amo está durmiendo la siesta.

—Vuelva usted mañana —nos respondió el lunes siguiente—, porque hoy ha ido a los toros.

—¿Qué día, a qué hora se ve a un español? Vímosle por fin, y Vuelva usted mañana —nos dijo—, porque se me ha olvidado. Vuelva usted mañana, porque no está en limpio. A los quince días ya estuvo; pero mi amigo le había pedido una noticia del apellido Díez, y él había entendido Díaz y la noticia no servía. Esperando nuevas pruebas, nada dije a mi amigo, desesperado ya de dar jamás con sus abuelos.

Es claro que faltando este principio no tuvieron lugar las reclamaciones. [...]
No paró aquí; un sastre tardó veinte días en hacerle un frac, que le había mandado llevarle en veinticuatro horas; el zapatero le obligó con su tardanza a comprar botas hechas; la planchadora necesitó quince días para plancharle una camisola; y el sombrerero, a quien le había enviado su sombrero a variar el ala, le tuvo dos días con la cabeza al aire y sin salir de casa. [...]

A los cuatro días volvimos a saber el éxito de nuestra pretensión.
—Vuelva usted mañana —nos dijo el portero—. El oficial de la mesa no ha venido hoy.

—Grande causa le habrá detenido —dije yo entre mí. Fuímonos a dar un paseo, y nos encontramos, ¡qué casualidad! al oficial de la mesa en el Retiro, ocupadísimo en dar una vuelta con su señora al hermoso sol de los inviernos claros de Madrid.

Martes era el día siguiente, y nos dijo el portero:
—Vuelva usted mañana, porque el señor oficial de la mesa no da audiencia hoy.

—Grandes negocios habrán cargado sobre él —dije yo.
Como soy el diablo y aun he sido duende, busqué ocasión de echar una ojeada por el agujero de una cerradura. Su señoría estaba echando un cigarrito al brasero, y con una charada del Correo entre manos que le debía costar trabajo el acertar.

—Es imposible verle hoy —le dije a mi compañero—; su señoría está, en efecto, ocupadísimo. [...]
Por último, después de cerca de medio año de subir y bajar, y estar a la firma o al informe, o a la aprobación, o al despacho, o debajo de la mesa, y de volver siempre mañana, [el plan] salió con una notita al margen que decía: "A pesar de la justicia y utilidad del plan del exponente, negado".

—¡Ah, ah, monsieur Sans-Délai! —exclamé riéndome a carcajadas—; éste es nuestro negocio. [...]

—¿Para esto he echado yo viaje tan largo? ¿Después de seis meses no habré conseguido sino que me digan en todas partes diariamente: *Vuelva usted mañana?* ¿Y cuando este dichoso *mañana* llega, en fin, nos dicen redondamente que *no*? ¿Y vengo a darles dinero? ¿Y vengo a hacerles favor? Preciso es que la intriga más enredada se haya fraguado para oponerse a nuestras miras.

—¿Intriga, monsieur Sans-Délai? No hay hombre capaz de seguir dos horas una intriga. La pereza es la verdadera intriga; os juro que no hay otra; ésa es la gran causa oculta: es más fácil negar las cosas que enterarse de ellas. [...]

A.   ¿Qué recuerda Ud.?

Wording of answers will vary, but the following ideas should be expressed:

1. ¿Qué quiere hacer monsieur Sans-Délai?

    Quiere hacer negocios en España.

2. ¿Cuánto tiempo piensa monsieur Sans-Délai que le va a tomar resolver sus asuntos en España?

    Piensa que sólo le va a tomar quince días.

3. ¿Qué predice el autor que pasará?

    Predice que pasará quince meses en el país.

4. ¿Qué sucede a lo largo de la historia?

    El francés no consigue resolver los asuntos que había presentado.

5. ¿Cuál es el verdadero problema de la sociedad española?

    El verdadero problema de la sociedad española es que es muy perezosa.

B.   Algo personal
No se dan respuestas.

1. ¿Alguna vez ha tenido Ud. problemas con la burocracia? ¿Qué pasó?

    Answers will vary.

2. ¿Cómo se sentiría Ud. si estuviera en otro país y le pasara lo que le sucede al señor Sans-Délai?

Trabalenguas

Escucha y repite.

Mariana Magaña desenmarañará mañana la maraña que enmarañará Mariana Magaña.

Éste es el fin de la sección ¡Viento en popa! del Capítulo 10.

Answer Sheets
for Textbook
Listening Activities

Capítulo 1

Lección A

1. **En la escuela** (p. 3)
   Indique la letra de la foto que corresponde con cada situación que oye.

   1. _____
   2. _____
   3. _____
   4. _____
   5. _____
   6. _____

5. **Situaciones** (p. 4)
   Escuche las siguientes situaciones. Escoja la letra de la conclusión más lógica para cada una.

   1. A. Se me hace tarde.   B. Pasándola.
   2. A. ¿Cuándo lo van a establecer? B. ¿Por qué colaboran?
   3. A. Es verdad, siempre se dan prisa. B. Es verdad, cantan muy bien.
   4. A. No te reconozco.   B. No lo encuentro.
   5. A. Por eso participa en la orquesta. B. Por eso pertenece al consejo estudiantil.

19. **Roberto** (p. 15)
    Escuche las siguientes oraciones sobre cómo es Roberto. Seleccione la ilustración que corresponde con lo que oye.

    1. _____
    2. _____
    3. _____
    4. _____
    5. _____
    6. _____

24. **¿Qué contesta? (p. 16)**

Escuche las siguientes situaciones y escoja la letra de la respuesta apropiada para cada una.

A.   ¡No hay quien la aguante!

B.   ¡No es justo!

C.   ¡Sí, a mí me tocó el mismo profesor!

D.   No, no me fijo en esas cosas.

E.   Debes prestarle más atención cuando habla.

1.   _____

2.   _____

3.   _____

4.   _____

5.   _____

◆Lección B

1. **¿Cuál es su oficio? (p. 25)**
   Diga qué es cada persona, según lo que hace. Seleccione la letra de la foto que corresponde con lo que oye.

   1. _____   _____
   2. _____   _____
   3. _____   _____
   4. _____   _____
   5. _____   _____
   6. _____   _____

5. **¿Qué oficios tienen? (p. 26)**
   Escuche lo que hacen las siguientes personas y escriba el oficio o profesión que asocia con esa persona.

   1. Marisa:_____
   2. Ernesto: _____
   3. Raúl: _____
   4. Marta: _____
   5. Silvia:_____
   6. Andrés:_____

15. **¿Qué película o programa es? (p. 33)**
    Seleccione la foto que corresponde con lo que oye.

    1. _____
    2. _____
    3. _____
    4. _____
    5. _____

19. ¿Qué es? (p. 34)

Escuche las definiciones. Escoja la letra de la palabra o frase que asocia con cada definición.

1. A. dibujo animado   B. musical   C. drama
2. A. romántica   B. drama   C. comedia
3. A. subtítulos   B. guiones   C. escenas románticas
4. A. documentales   B. dramas   C. dibujos animados
5. A. vaqueros   B. ciencia ficción   C. documentales

Capítulo 2

Lección A

1. **¿Cómo son estas personas? (p. 51)**
    Indique la letra de la foto que corresponde con cada oración que oye.

    1. _____
    2. _____
    3. _____
    4. _____
    5. _____
    6. _____

5. **Los parientes (p. 52)**
    Escuche las siguientes oraciones y escoja la letra de la respuesta correcta.

1. A. la abuela	B. la cuñada	C. la suegra
2. A. el cuñado	B. el yerno	C. el padrino
3. A. el suegro	B. el nieto	C. el yerno
4. A. la suegra	B. la sobrina	C. la nuera
5. A. el tío	B. el suegro	C. el cuñado

12. **¿Qué están haciendo estas personas? (p. 59)**
    Seleccione la foto que corresponde con lo que oye.

    1. _____
    2. _____
    3. _____
    4. _____
    5. _____
    6. _____

16. **¿Para qué se usa? (p. 60)**
    Escoja la letra del objeto que se usa en cada situación.

    1. _____
    2. _____
    3. _____
    4. _____
    5. _____
    6. _____

Lección B

1. **Situaciones (p. 71)**
    Escuche los diálogos y diga a qué foto se refieren.

    1. _____
    2. _____
    3. _____
    4. _____
    5. _____
    6. _____

5. **Conclusiones lógicas (p. 72)**
    Escuche las siguientes oraciones. Escoja la letra de la conclusión lógica para cada una.

    A. ¡Qué mandona es tu hermana!
    B. A Cristina siempre le falta algo.
    C. El suelo del baño está mojado.
    D. Chicos, ¿por qué se pelean?
    E. ¡Qué impaciente eres!

    1. _____
    2. _____
    3. _____
    4. _____
    5. _____
    6. _____

19. **¡Guarda las cosas! (p. 81)**
    Escuche los siguientes mandatos. Seleccione la foto que corresponde con lo que oye.

    1. _____
    2. _____
    3. _____
    4. _____
    5. _____
    6. _____

24. **¡Ordena tu cuarto! (p. 82)**
    Escoja la letra de lo que le dice a Orlando su madre en cada situación.

    A. Ordena el escritorio.

    B. Cuelga tu ropa en perchas dentro del armario.

    C. Cambia las sábanas.

    D. Pon los libros en los estantes.

    E. Guarda los zapatos dentro de las cajas.

    1. _____
    2. _____
    3. _____
    4. _____
    5. _____

Capítulo 3

Lección A

1. **¿Qué sección del periódico? (p. 101)**

   ¿En qué secciones aparecieron estas noticias? Indique la letra de la ilustración de la sección que corresponde a cada noticia que escucha.

   1. _____
   2. _____
   3. _____
   4. _____
   5. _____
   6. _____

5. **¿En qué sección está? (p. 102)**

   Escuche las siguientes noticias correspondientes a cada foto y las secciones en que pueden aparecer. Escoja la letra de la sección correcta.

   1. _____
   2. _____
   3. _____
   4. _____

17. **¿Qué sucedía en el festival? (p. 111)**

    Escuche las siguientes situaciones. Seleccione la letra de la foto que corresponde con lo que oye.

    1. _____
    2. _____
    3. _____
    4. _____
    5. _____
    6. _____

21. Reportaje a un director (p. 112)

Escuche la siguiente entrevista a un famoso director de cine de los años sesenta. Luego, conteste las preguntas. Puede tomar apuntes *(take notes)* mientras escucha.

1. ¿Qué tipo de películas hacía al principio de su carrera?

   _____

   _____

2. ¿Le gustaba participar en los festivales de cine?

   _____

   _____

3. ¿Asistía a las ceremonias de entrega de premios?

   _____

   _____

4. ¿Iba a los estrenos de sus películas?

   _____

   _____

5. ¿Por qué no usaba videocámaras digitales para grabar?

   _____

   _____

Lección B

1. **El noticiero (p. 121)**
   Escuche las siguientes noticias y diga la letra de la foto a la que se refiere cada una.

   1. _____
   2. _____
   3. _____
   4. _____
   5. _____
   6. _____

5. **¿Qué ocurrió hoy? (p. 122)**
   Escuche los comentarios de las siguientes personas sobre las noticias del día. Escoja la letra de la noticia a la que se refiere cada uno.

   1. A. bomba   B. crimen   C. inundación
   2. A. juicio   B. crimen   C. bomba
   3. A. incendio   B. tormenta   C. robo
   4. A. crimen   B. ladrón   C. huracán
   5. A. víctima   B. tormenta   C. explosión
   6. A. festival   B. ceremonia   C. robo

17. **¿Qué había sucedido? (p. 131)**

Escuche las entrevistas a los testigos de diferentes accidentes. Seleccione la foto que corresponde con lo que oye.

1. _____
2. _____
3. _____
4. _____
5. _____
6. _____

21. **¿Cuál había sido la situación? (p. 132)**

Indique la letra de la foto que corresponde con lo que oye.

1. _____
2. _____
3. _____
4. _____

Capítulo 4

Lección A

1. **¡Qué entrometido!** (p. 151)
   Indique la letra de la ilustración que corresponde con lo que oye.

   1. _____
   2. _____
   3. _____
   4. _____
   5. _____
   6. _____

5. **¿Cuál es su personalidad?** (p. 152)
   Escuche lo que dicen estas personas. Escoja la letra de la palabra que describe la personalidad de cada una.

   1. A. honesta   B. celosa   C. increíble
   2. A. considerado   B. entrometido   C. egoísta
   3. A. estricto   B. chismoso   C. honesto
   4. A. chismosa   B. nerviosa   C. ocupada
   5. A. increíble   B. sincero   C. entrometido
   6. A. sincero   B. estudioso   C. celoso

12. ¡Qué va! (p. 159)

Escuche las siguientes frases. Escoja la letra de la respuesta correcta.

1. A. Chévere.
   B. Discúlpame.
   C. ¡No faltaba más!

2. A. Lo hice sin querer.
   B. ¡Qué raro!
   C. ¡Qué va!

3. A. Lo hice sin querer.
   B. ¡Qué raro!
   C. ¡Chévere!

4. A. ¡No faltaba más!
   B. ¡Qué bueno!
   C. No fue mi culpa.

5. A. ¡Qué va!
   B. No fue mi culpa.
   C. ¡Qué raro!

6. A. ¡No faltaba más!
   B. Discúlpame.
   C. Chévere.

16. ¿Qué ha sucedido? (p. 160)

Escuche los siguientes diálogos. Diga a qué foto corresponde cada uno.

1. _____
2. _____
3. _____
4. _____

Lección B

1. **¿Conflicto u obligación? (p. 169)**
   Diga si cada frase que escucha se refiere a un conflicto o a una obligación en una relación.

   1. _____
   2. _____
   3. _____
   4. _____
   5. _____
   6. _____

5. **¿Qué dice cada diálogo? (p. 170)**
   Escuche los siguientes diálogos y escoja la palabra que complete las oraciones sobre cada uno.

   1. Rodolfo y Mario han hecho

      A. las obligaciones.   B. las paces.   C. las relaciones.

   2. Paola está levantando

      A. la voz.   B. la mano.   C. las paces.

   3. Tomás no quiere

      A. hacerle caso a sus padres.   B. estar equivocado.   C. hacer las paces.

   4. Eugenia y su madre tienen

      A. una obligación.   B. una diferencia de   C. un comportamiento.
                               opinión.

17. **Sobre el teléfono (p. 179)**
    Escuche las oraciones y diga a qué foto corresponde cada una.

    1. _____
    2. _____
    3. _____
    4. _____
    5. _____
    6. _____

21. ¿Cuál es la palabra? (p. 180)

Escuche las definiciones y escoja la letra de la palabra a la que se refiere cada una.

1. A. sonar   B. colgar   C. consultar
2. A. código   B. año   C. día
3. A. diccionario B. revista   C. guía telefónica
4. A. moverse   B. sonar   C. cargar
5. A. escribir   B. indicar   C. marcar
6. A. recepción   B. sonido   C. batería

Capítulo 5

Lección A

1. **¡Respetemos las señales! (p. 195)**
   Indique la letra de la foto que corresponde con lo que oye.

   1. _____
   2. _____
   3. _____
   4. _____
   5. _____
   6. _____

5. **Para conducir (p. 196)**
   Escuche cada diálogo y escoja la frase que completa correctamente cada oración.

   1. Roberto quiere tener (*la licencia de conducir* / *la señal de tránsito*).
   2. Carla debe ajustar primero (*el acelerador* / *el espejo retrovisor*).
   3. Víctor está poniendo la marcha atrás porque va a (*estacionar* / *acelerar*).
   4. Los conductores le (*ceden* / *disminuyen*) el paso a la señora.

14. **Es mejor que... (p. 203)**
    Indique la letra de la foto que corresponde con lo que oye.

    1. _____
    2. _____
    3. _____
    4. _____
    5. _____
    6. _____

18. **Al conducir un coche (p. 204)**

Escuche los siguientes diálogos. Diga a qué foto corresponde cada uno.

1. _____
2. _____
3. _____
4. _____

Lección B

1. **Viajar en tren (p. 213)**
   Indique la letra de la foto que corresponde con lo que oye.

   1. _____
   2. _____
   3. _____
   4. _____
   5. _____
   6. _____

5. **¡Qué lástima! (p. 214)**
   Escuche las siguientes expresiones. Escoja la letra de la oración que dice la expresión de otra manera.

   1. A. ¡Qué lástima que el tren rápido no vaya a Valdivia!
      B. Es una suerte que el tren vaya directo a Valdivia.
   2. A. No viajo en un coche cama porque me encanta dormir en los viajes.
      B. No viajo en un coche cama porque nunca puedo dormir mientras viajo.
   3. A. Por suerte el tren sale con una hora de retraso.
      B. Es un problema que el tren salga una hora más tarde.
   4. A. Por suerte no debemos cambiar de tren en Valparaíso.
      B. Es una suerte que debamos cambiar de tren en Valparaíso.

14. **En el campamento (p. 221)**
    Escuche las frases y diga a qué foto corresponde cada una.

    1. _____
    2. _____
    3. _____
    4. _____
    5. _____
    6. _____

18. **¿Qué me recomienda? (p. 222)**
    Escuche las siguientes preguntas y escoja la foto que corresponde a cada una.

    1. _____
    2. _____
    3. _____
    4. _____
    5. _____
    6. _____

Capítulo  6

Lección A

1. **En la agencia de viajes (p. 243)**

   Escuche las siguientes oraciones. Indique qué frase o palabra completa correctamente cada oración para que su significado sea similar al de la oración que oye.

   1. Los pasajes hay que pagarlos (*dos semanas antes / dos semanas después*).
   2. Los viajes en avión *(no cambian / pueden cambiar)* si hay mal tiempo.
   3. El folleto ofrece (*descripciones / reservas*) interesantes sobre la excursión al Volcán Porú.
   4. En la excursión, las personas (*vuelan / cruzan*) la selva tropical.
   5. Para (*cancelar / aceptar*) la reserva de hotel, hay que llamar a la agencia de viajes.
   6. El precio del hotel es un diez por ciento (*más barato / más caro*).

5. **Daniel y su viaje a Panamá (p. 244)**

   Escuche la siguiente historia. Después de cada párrafo va a oír dos preguntas. Escoja la mejor respuesta para cada una.

   1. A. gastó el dinero   B. confirmó su reserva
   2. A. la reserva del hotel   B. la reserva del carro
   3. A. con dinero   B. con cheques de viajero
   4. A. atravesar la selva   B. atravesar la ciudad
   5. A. con anticipación   B. el día del viaje
   6. A. si no leía el detalle del viaje   B. si cancelaba sin previo aviso

13. **No creo que... (p. 251)**

    Indique la letra de la foto que corresponde con lo que oye.

    1. _____
    2. _____
    3. _____
    4. _____
    5. _____
    6. _____

17. **En el aeropuerto (p. 252)**

Escuche los siguientes anuncios en un aeropuerto. Diga a qué foto corresponde cada uno.

1. _____

2. _____

3. _____

4. _____

Lección B

1. **En el hotel (p. 263)**
   Indique la letra de la foto que corresponde con lo que oye.

   1. _____
   2. _____
   3. _____
   4. _____
   5. _____
   6. _____

5. **¿Qué prefieren? (p. 264)**
   Escuche lo que dicen Alicia y David acerca de dónde les gusta alojarse cuando viajan. Complete una tabla como la siguiente con los datos que oye.

¿Qué prefieren?	Alicia	David
Lugar donde alojarse:		
Con quiénes viajar:		
Servicios:		
Tipo de habitación:		
La habitación perfecta:		

13. **En el refugio de vida silvestre (p. 271)**
    Escuche las frases y diga a qué foto corresponde cada una.

    1. _____
    2. _____
    3. _____
    4. _____
    5. _____
    6. _____

17. ¿Qué me recomienda? (p. 272)

Escuche las oraciones y diga si cada una se refiere a una situación en un parque nacional o en una ciudad.

1. _____
2. _____
3. _____
4. _____
5. _____
6. _____

Capítulo 7

Lección A

1. **De compras (p. 289)**
    Indique la letra de la foto que corresponde con lo que oye.

    1. _____
    2. _____
    3. _____
    4. _____
    5. _____
    6. _____

5. **Las compras de Leticia (p. 290)**
    Escuche los siguientes diálogos. Escriba en una hoja lo que compra Leticia en el primer puesto del mercado y lo que compra en el segundo puesto. Complete una tabla como la siguiente con los datos.

En el primer puesto	En el segundo puesto

17. **Tarta de queso (p. 299)**

Escuche la siguiente receta de cocina. Coloque los pasos en el orden que corresponda según lo que oye.

_____ A. Se hornea por 30 minutos.

_____ B. La mezcla se coloca en una asadera.

_____ C. Se mezclan la harina, la leche y el azúcar.

_____ D. Se baten todos los ingredientes de la receta.

_____ E. Se deja enfriar.

_____ F. Se agrega el queso y el limón.

22. **En la cocina (p. 300)**

Escuche los siguientes diálogos y escoja la palabra o frase que completa correctamente cada oración según lo que oye.

1. El pastel debe ser (*enfriado* / *calentado*) para poderlo comer.

2. Se (*hierven* / *baten*) los huevos por cinco minutos.

3. Se baten los ingredientes con (*una batidora* / *un abrelatas*).

4. Las papas se fríen en (*la sartén* / *la clara*).

5. El pollo fue asado en una (*cacerola* / *asadera*).

6. Se (*revuelven* / *hornean*) los ingredientes con mucho cuidado.

Lección B

1. **¿Qué sucedió? (p. 311)**
    Indique la letra de la foto que corresponde con lo que oye.

    1. _____
    2. _____
    3. _____
    4. _____
    5. _____
    6. _____

5. **¡Qué modales! (p. 312)**
    Escoja una respuesta correcta a lo que oye.

    > Ahora mismo bajo el volumen.
    >
    > Se besaron.
    >
    > Discúlpenme, no quería interrumpirlas.
    >
    > Te sugeriría que te taparas la boca al bostezar.
    >
    > Hay maníes y almendras.

    1. _____
    2. _____
    3. _____
    4. _____
    5. _____

14. **En el restaurante (p. 319)**
    Escuche las frases y diga a qué foto corresponde cada una.

    1. _____
    2. _____
    3. _____
    4. _____
    5. _____
    6. _____

19. Lo mismo... (p. 320)

Escoja la oración que dice lo mismo que la oración que escucha, pero de otra manera.

1. A. Las papas fritas del restaurante no son tan saladas como las de la cafetería.

   B. Las papas fritas de la cafetería son menos saladas que las del restaurante.

2. A. La sopa de pollo es mejor que la sopa de pescado.

   B. Lo mejor del restaurante es la sopa de pescado.

3. A. El tocino que necesito comprar no debe ser muy ahumado.

   B. No quiero tocino que sea ahumado.

4. A. Prefiero no comer bistec si no es asado.

   B. Preferiría comer el bistec a la parrilla.

Capítulo 8

Lección A

1. **Después de un accidente (p. 337)**
   Indique la letra de la foto que corresponde con lo que oye.

   1. _____
   2. _____
   3. _____
   4. _____
   5. _____
   6. _____

5. **¡Médico o paciente? (p. 338)**
   Escuche las siguientes oraciones. Para cada una, diga si la persona que habla es el médico o el paciente.

   1. _____
   2. _____
   3. _____
   4. _____
   5. _____
   6. _____
   7. _____
   8. _____

12. **¿Cuáles son sus síntomas? (p. 345)**

Escuche lo que dicen los siguientes pacientes y escoja qué enfermedad sería lógico que tuvieran.

1. A. pulmonía   B. erupción   C. alergia
2. A. erupción   B. alergia   C. pulmonía
3. A. presión   B. alergia   C. infección
4. A. erupción   B. gripe   C. inflamación
5. A. erupción   B. pulmonía   C. resfriado

16. **Situaciones (p. 346)**

Indique la letra de la foto que corresponde con los diálogos que oye.

1. _____
2. _____
3. _____
4. _____
5. _____
6. _____

◆ Lección B

1. **Hacer ejercicio (p. 353)**
    Indique la letra de la foto que corresponde con lo que oye.

    1. _____
    2. _____
    3. _____
    4. _____
    5. _____
    6. _____

5. **Rutinas de ejercicio (p. 354)**
    Escriba en una hoja los nombres de Elisa y Antonio. Escuche y anote debajo de los nombres cuál es la rutina de ejercicio de cada uno.

    Elisa   **Antonio**

    _____   _____
    _____   _____
    _____   _____
    _____   _____
    _____   _____
    _____   _____
    _____   _____

11. **Definiciones de nutrición (p. 359)**
    Escuche las siguientes definiciones y diga a qué palabra se refiere cada una.

    1. A. comida nutritiva   B. comida saludable   C. comida chatarra
    2. A. dieta   B. proteínas   C. calcio
    3. A. fuerte   B. chatarra   C. nutritiva
    4. A. alimentarse   B. saltarse una comida C. mantener la dieta
    5. A. saludable   B. cocido   C. interesante
    6. A. igual   B. diferente   C. equilibrado

16. **La alimentación (p. 360)**

Escoja una respuesta correcta a lo que oye.

> A. Todos los días, como alimentos nutritivos como frutas y verduras.
>
> B. Tienen grasas, carbohidratos y proteínas.
>
> C. Yo también espero que haya comido bien hoy.
>
> D. Es mejor evitar la comida chatarra.
>
> E. No, no creo que el artículo haya sido escrito por un médico.

1. _____
2. _____
3. _____
4. _____
5. _____

Capítulo 9

Lección A

1. **Cortes y peinados (p. 379)**
   Indique la letra de la foto que corresponde con lo que oye.

   1. _____
   2. _____
   3. _____
   4. _____
   5. _____
   6. _____

5. **Consejos de belleza (p. 380)**
   Escuche las preguntas de los clientes del salón de belleza y escoja qué consejo es mejor para cada uno.

   1. A. Si la boda es importante, necesita un peinado formal.
      B. Debería raparse el pelo.
   2. A. Podría escoger una permanente.
      B. Podría escoger una tintura de su mismo color.
   3. A. Le aconsejo que no use mucho acondicionador después del champú.
      B. Le aconsejo que no use gel para lavarse el pelo.
   4. A. Sería mejor que llevara flequillo.
      B. Sería mejor que se lo alisara.

19. **Comentarios sobre moda (p. 389)**
    Indique la letra de la foto que corresponde con lo que oye.

    1. _____
    2. _____
    3. _____
    4. _____
    5. _____
    6. _____

23. **De compras (p. 390)**
    Indique la letra de la ilustración que corresponde con los diálogos que oye.

    1. _____
    2. _____
    3. _____
    4. _____

Lección B

1. **Hablando de ropa... (p. 399)**
    Escuche lo que dicen las siguientes personas y escoja la respuesta correcta para cada oración.

    > A. Los míos también tienen manchas.
    >
    > B. Entonces es mejor que lo laves con agua.
    >
    > C. No te preocupes, ahora te lo coso.
    >
    > D. Puedes pedirle al sastre que te las acorte.
    >
    > E. ¿Quiere que se la ajuste?
    >
    > F. Se me encongieron cuando los llevé a la tintorería.

    1. _____
    2. _____
    3. _____
    4. _____
    5. _____
    6. _____

5. **Consejos de sastre (p. 400)**
    Escuche la conversación entre un sastre y un estudiante sobre cómo se cose una prenda de ropa. Haga una lista de las cosas que se necesitan para coser.

    _____
    _____
    _____
    _____
    _____
    _____
    _____
    _____
    _____
    _____

13. **Comentarios sobre regalos (p. 407)**
    Indique la letra de la foto que corresponde con lo que oye.

    1. _____
    2. _____
    3. _____
    4. _____
    5. _____
    6. _____

17. **¿Qué les recomienda? (p. 408)**
    Escoja qué cosa puede comprar cada persona, según lo que oye.

    1. _____
    2. _____
    3. _____
    4. _____
    5. _____
    6. _____

Capítulo $\boxed{10}$

Lección A

1. **¿Qué carrera puedo seguir? (p. 427)**
   Escuche lo que dicen las siguientes personas sobre lo que les gustaría ser en el futuro.
   Diga a qué profesión o trabajo se refiere cada una.

   1. A. cajero   B. bombero   C. arquitecto
   2. A. electricista   B. fontanero   C. mecánico
   3. A. empresaria   B. diseñadora   C. veterinaria
   4. A. recepcionista   B. empresario   C. médico
   5. A. periodista   B. psicólogo   C. repartidor
   6. A. especialista en informática   B. empresaria   C. entrenadora de tenis

5. **La gente y sus trabajos (p. 428)**
   Indique la letra de la foto que corresponde con lo que oye.

   1. _____
   2. _____
   3. _____
   4. _____
   5. _____

10. **Hablando del trabajo (p. 433)**
    Escuche las oraciones. Escoja la palabra o frase que completa correctamente cada
    oración que sigue para que su significado sea similar al de la oración que oye.

    1. Hace un año que mi hermano está (*trabajando* / *en paro*).
    2. En la entrevista, el jefe le dijo a Juan cuánto iba a ser (*su sueldo* / *sus beneficios*).
    3. Dudo que el trabajo sea (*de jornada completa* / *de media jornada*).
    4. Antes de la entrevista, hay que (*leer los conocimientos* / *rellenar un formulario*).
    5. (*Tengo requisitos* / *Tengo facilidad*) para las matemáticas.
    6. Mis amigos dicen que soy una persona (*emprendedora* / *temporal*).

14. ¿Cuál fue la pregunta? (p. 434)

Escuche las siguientes respuestas y escoja la pregunta que corresponde a cada una.

A.	¿En qué se especializa?
B.	¿Cuánto tiempo hace que no trabaja?
C.	¿Cuáles son los requisitos?
D.	¿Qué necesito rellenar?
E.	¿Cómo es el trabajo?
F.	¿Trabaja solo o en equipo?

1. _____
2. _____
3. _____
4. _____
5. _____
6. _____

Lección B

1. **En el futuro (p. 443)**
    Indique la letra de la foto que corresponde con lo que oye.

    1. _____
    2. _____
    3. _____
    4. _____
    5. _____
    6. _____

5. **Nuevos inventos (p. 444)**
    Escuche los siguientes diálogos y diga a qué foto se refiere cada uno.

    1. _____
    2. _____
    3. _____
    4. _____

13. **Sobre el medio ambiente (p. 451)**
    Escoja la respuesta que contesta correctamente cada pregunta que oye.

    1. A. Los desperdicios se encuentran en peligro de extinción.
        B. Las ballenas y las focas se encuentran en peligro de extinción.
    2. A. Los aerosoles contaminan el medio ambiente.
        B. La energía solar contamina el medio ambiente.
    3. A. Hoy en día, la capa de ozono tiene un derrame.
        B. Hoy en día, la capa de ozono tiene un agujero.
    4. A. Las fábricas arrojan desperdicios químicos.
        B. Las escuelas arrojan desperdicios químicos.
    5. A. Para que no se agoten los recursos naturales se debe dañar la atmósfera.
        B. Para que no se agoten los recursos naturales se deben conservar.

18. ¿Qué sugieren? (p. 452)

Escriba en una hoja los nombres Enrique, Óscar y Amalia. Escuche lo que dicen ellos y haga una lista de las cosas que sugiere cada uno para proteger el planeta.

Enrique: _____

_____

_____

_____

_____

Óscar: _____

_____

_____

_____

_____

Amalia: _____

_____

_____

_____

_____